우리는 의외로 잘못을 저지르지 않는다

우리는
의외로
잘못을
　　저지르지 않는다

최갑수

에세이

ALONE
BOOK

차 례

프롤로그 : 전철이 커다란 커브를 그리며 사라지던 아침 · · · · 11

24년 여름

여전히 좋은 사람

1장

내가 가진 것들 | 구름빛 | 천천히 음미하다 보면 | 눈부신 이유 | 생활의 활기 | 지금이라는 빛 | 인생이라는 산책길 | 면사무소 앞 중국집 | 글쓰기는 | 여름 과일은 여름에 많이 | 백일홍 앞에서 | 주방에 있다 보면 | 매미 소리 낮술 | 도서관 | 어른이란……? | 콩국수를 먹으며 | 이 삶이 얼마나 | 달걀은 딱 10분 동안 | 가지덮밥을 만들어 먹었다 | 간사한 마음이여 | 여행의 선물 | 좋은 사람 | 실력 | 실망 | 늘 같은 자리에 앉아 있다는 것 | 나이에 맞게 | '맛있어'라는 말 | 가끔은 세상과 상관없는 사람 | 어둠 속에서만 보이는 것

24년 가을

팥크림처럼 달디 단

2장

삶의 실체 | 팥크림처럼 달디 단 | 보리암에서 | 기억해 둘만한 날 | 화분 | 밥을 먹고 발을 씻는 사이 벌어진 | 인생에 도움이 되는 건 | 구인사 절밥 | 연시 한 알 | 한 번 떠나간 것은 | 실수에 관하여 | 겸연쩍지만 | 논다는 것 | 가을은 몇 번이고 | 어느 먼 훗날 바라보는 우리의 삶 | 노천카페에서 | 헛된 시간은 없어요 | 사는 것, 살아내는 것 | 현재를 충실히 | 감정 소모 | 도망치기 | 할 말은 많지만 | 돌아보니 아름답고, 멀리서 보니 눈물겨운 | 새 볼펜 | 중요한 건 말이야 | 사랑은 아팠던 만큼 | 그래서 삶은 여행이라고 | 햇빛이 물러나는 시간

24-25년 겨울

혼자 하는 여행

3장

빌 에번스를 들으며 커피를 마시는 오후 | 나이 들어 알게 된 것 | 삶은 여정일 뿐이라서 | 우리가 함께한 시간은 손뼉처럼 즐거웠고 | 프로필 사진 | 두려움 | 치앙마이에서 1 | 치앙마이에서 2 | 치앙마이에서 3 | 할 수 있는 것에 최선을 다합시다 | 삶의 허무를 견디는 법 | 이런 인생도 | 수줍음에 관하여 | 여름이 왔으면 | 일본어 배우기 | 망설여질 때 | 나름대로 괜찮아 | 삶은 생각보다 간단하다 | 안 되는 건 안 되는 거 | 놀면서 할 수 있는 건 | 천천히 해도 괜찮아 | 불시착 | 이해하지 않아도 돼요, 인생은 | 삶의 고수들 | 글을 쓴다는 건 | 나이가 든다는 건 | 남은 날들 방면으로 | 손으로 쓰기 | 기계적으로 일하기 | 난 네가 싫어 | 진실은 쉽다 | 호두과자를 먹는 오후 | 회전초밥집에서 | 본 게임은 두 번째부터 | 지름길 | 주연보다는 조연 | 심플하게 갑니다 | 인연

25년 봄

고양이와 도서관과 빵집

4장

카페 콰이어트 라이트 | 비난하지 말기 | 멀리서 보면 | 고양이와 도서관과 빵집 | 슬퍼지기 전에 | 여행이 외로운 순간 | 츠쿠네를 먹었던 저녁 | 자랑 | 된장국을 만드는 일요일 아침 | 고작 | 현재가 곧 꿈이자 사랑이고 열망 | 어쩔 수 없지 뭐 | 이해하는 것이 아니라 감당하는 것 | 그럴 때면 걸어요 | 이루지 못한 것 하나 | 가끔 뒤돌아보면서 | 태도에 관하여 | 인생은 요리와 같아서 | 인생에는 일어날 만한 일만 일어난다 | 더 따뜻한 사람이 되세요 | 인연에 관하여 | 거짓말은 단순하게 | 일부러라도 | 짝짝짝 봄이 간다 | 괜찮겠지, 뭐 | 버터는 실망시키지 않는다 | 메모의 이유 | 그때 되어봐야 아는 거니까 | 야구라는 인생 | 요리를 만들고, 야구 경기를 보는 와중에 | 괜찮아 | 브라보 마이 라이프 | 텅 빈 항아리 속에 앉아 있는 듯 | 마카롱 | 다정한 게 좋잖아 | 설거지는 했잖아 | 봄 오후 | 새 시계 | 나이 들어 좋은 것 | 어른의 품위 | 생일 | 꽃 | 이것은 시적인가

25년 여름

헤어질 때도 스윗하게

5장

시간 | 만남 | 소격동 갔다가 | 전철이 어디로 가는지 알고 있지만 | 낭만 | 친절하게, 스윗하게 | 갔던 길을 되짚으며 돌아왔다 | 바닥에서부터 | 청승이면 어때서 | 사라진다고 생각하니 | 곧 매미가 울겠지 | 서두르지 않는 삶 | Be Kind | 굴 파스타를 만들며 | 왜가리처럼 | 마음은 | 하나 혹은 둘이면 충분하죠 | 라두루푸를 듣는 토요일 아침 | 좋은 것보다 더 좋은 건 | 아팠던 만큼 | 허공에 대고 손가락을 눌러보는 아침 | 아무것도 변하지 않는 건 말이 안 되잖아요 | 사케를 마시는 어두운 밤에 | 당신의 술을 따라 | 오늘의 커피, 오늘의 기분 | 말하는 법 | 시간의 힘 | 나 자신이 되기 위해 | 드라이브 마이 카 | 부석사에서 | 걸으며 | 오르골 | 창문을 활짝 열어 둔 여름밤이었다 | 모래 움켜쥐기 | 자책하지 마세요 | 나라는 존재방식 | 배를 띄운 밤바다같이 달을 내건 밤하늘같이 | 노을 앞에서 | 다 알면 재미없잖아 | 夏, 2025 | 중요한 건 말이야 | 말 못 할 사정 | 아이와 소녀 | 상관없어요 | 같이 아파해요, 우리 | 서로가 서로에게 | 인생은 아름다워

에필로그 : '하루'라는 카드 · · · · · · · · · · · · · · · · · 375

프롤로그

전철이 커다란 커브를 그리며 사라지던 아침

'소소일상'이라는 제목의 뉴스레터를 지난해 8월부터 쓰기 시작했다. 일기를 쓰듯 썼다. 내 마음과 생활을 기록하고, 그걸 들여다보고 싶었다. 나는 어떤 마음을 가지고 살고 있는 것일까?

지난 4년 동안 많은 상실이 있었다. 슬픔을 이기고, 고통에서 벗어나고, 일상을 회복하기 위해 애썼다. 쉬지 않고 글을 썼고, 음식을 만들어 먹었고, 새벽과 저녁마다 걸었다. 그리고 밤늦게까지 일을 했다. 다행히 지난해부터 조금씩 나아지기 시작했고, 지금은 많이 괜찮아졌다. 이 일기는 그 회복에 관한 기록이다.

어두운 터널의 시간을 지나오며 알게 된 건, 자신이 되기 위해 아주 먼 길을 돌아가야 할 때도 있으며, 고난은 종종 특별한 운명을 선물한다는 것이다. 그러니까 만약 당신이 진흙탕에 빠져 있는 것 같다면, 당신이 해야 할 일은 진흙탕에 빠져 있는 자신의 처지에 대해 절망하고 있을 것이 아니라, 진흙탕에서 얼른 빠져나오는 것이다.

그리고 또 하나. 우리는 의외로 잘못을 저지르지 않는다는 사실이다. 나는 최선을 다해 살았고, 누구에게도 해를 끼치지 않았다. 시기하지도 모함하지도 않았다. 인생은 때로 아무 이유 없이 불행과 고통을 안겨주기도 한다. 만남도 헤어짐도 누군가의 탓이 아니다. 각자의 책임일 뿐이다. 그러니, 다시 한번 말하지만, 자책하지 말 것.

사는 건 생각보다 간단하다. 어제보다 조금이라도 더 좋은 오늘을 만드는 것, 그게 전부다. 그러면 일이든, 인연이든 기회가 더 많이 찾아올 것이고, 인생은 더 좋아질 것이다.

새벽 산책을 마치고 집으로 돌아오는 길, 나는 어제보다 더 시원해진 바람을 느꼈고 가을이 가까웠음을 느꼈다. 전철은 먹구름을 지나 아침의 여명 속으로 미끄러지듯 떠나가고 있었다. 우리가 새로운 세계에 접어들었음을 알리는 징조는 많구나. 잘 가라, 어떤 날들이여. 나는 전철의 긴 꼬리가 커다란 커브를 그리며 사라지는 것을 가만히 서서 바라보았다.

열심히 글을 쓰고 일을 하다 보면 시간이 흐를 것이고, 나는 어느 훗날 제주의 바닷가에 앉아 느긋하게 맥주를 마시고 있을 것이다.

1장
24년 여름

**여전히
　　좋은 사람**

"인생을 살며 누구나 어두운 시절을 만나.
그 어둠을 통과하고 나면 조금 더 나은 사람이 되는 거지."

24년 8월 5일 月 ─── 　　　　　　　　내가 가진 것들

작업실에 가기 위해 현관을 나설 때면 제일 마지막에 시선을 두는 곳에 작은 나무 트레이가 있고 거기에 지갑과 시계, 자동차 열쇠가 놓여 있다. 지갑에는 신용카드 두 장과 명함 두 장, 신분증이 들어 있다. 지갑이 두꺼워지는 걸 싫어해서 꼭 넣어야 할 것만 최소한으로 넣어 다닌다. 시계는 몇 해 전 출장 간 어느 시골의 시계점에서 5만 원을 주고 산 것이다. 딱히 시계를 사야 할 이유가 없었지만 샀다. 시계점에서 시계를 사는 기분은 어떨까 궁금했다(가끔 그럴 때가 있잖아요). 차는 2014년식이다. 카메라는 2017년에 나온 후지X100T다. 35㎜ 렌즈가 달려 있다. 카메라를 들고 나갈까, 그냥 나갈까 망설일 때가 가끔 있어 눈에 잘 띄는 곳에 둔다. 그러고 보니 2017년 이후에는 새로 산 것이 거의 없는 것 같다. 4년 전 혼자가 되고 나서부터는 더 사지 않는다. 옷이든, 식기든, 책이든, 가전제품이든, 가구든 별달리 필요한 것이 없는 것 같다. 갖고 싶은 것이 있다가도 며칠이 지나면 심드렁해진다.

24년 8월 7일 水 ——— 　　　　　　　　　구름빛

걱정이 없는 날이 없다. 이런저런, 크고 작은 걱정 속에서 하루를 버텨내다 보면 어느새 저녁이 된다. 그래도 퇴근길 들른 가게에서 갖고 싶은 젓가락이나 찻잔 같은 것을 구경하다 보면 기분이 좋아지고, 저녁을 먹은 후 산책을 하다 만난 구름빛 아래에서 뭉클할 때가 있다.

보고 싶은 사람이 있어 그 빛 아래 잠깐 서 있기도 한다.

24년 8월 8일 木 ——————   천천히 음미하다 보면

여름에는 아침마다 차가운 우롱차 한 잔을 마신다. 텀블러에 티백을 넣어 밤 동안 냉침해 둔 것이다. 약간 떫은 맛이 기운을 차리고 마음을 새롭게 만들어 준다. 저녁에는 따뜻하게 마시는데, 차가운 것에 비해 조금 더 달다. 예전엔 느끼지 못하던 맛이다. 나이를 먹어가면서 알게 되는 맛이 있는 모양이다. 한 모금씩 마시며 음악을 듣는데, 슈베르트를 들을 때도 있고 만다린 팝을 들을 때도 있다. 뭐든 천천히 음미하다 보면 마음이 진정되고 근심을 잊는 데 도움이 된다.

24년 8월 9일 金 —— 눈부신 이유

세상의 모든 아름다운 것들은 빛 속에 있다.

우리가 추억을 떠올릴 때마다 눈이 부신 이유다.

24년 8월 11일 日 ──────   생활의 활기

과자를 그다지 좋아하는 편은 아니지만, 책을 읽거나 영화를 볼 때면 가끔 먹고 싶을 때가 있다. 히가시노 게이고의 소설을 볼 때나 발리우드 영화를 볼 때면 특히 그렇다. 예전엔 빠다코코넛을 즐겨 먹었는데, 지금은 솔트 쿠키를 자주 먹는다. 스낵보다는 비스킷을 좋아한다. 한꺼번에 많이 사 두면 매일 먹을 것 같아 한 봉지씩만 산다. 한두 시간 재미있고 통속적인 것에 푹 빠져 시간을 보내는 건 생활의 활기가 된다. 산다는 것의 모호함을 잊을 수가 있다.

24년 8월 12일 月 —— 　　　　　　　지금이라는 빛

뉴스레터 정기 시즌을 끝내고 조금 늦게 일어나고 있다. 새벽 다섯 시 정도에 일어나는데, 눈을 뜨면 시리Siri에게 오늘의 음악을 추천해 달라고 부탁한다. 시리는 피아노를 틀어줄 때도 있고 일본 시티팝을 들려줄 때도 있다. 비지스와 엘튼 존 등 70년대 음악을 들려주기도 한다. 음악을 들으며 온몸의 힘을 빼고 몇 분 정도 누워 있으면서 아침으로 뭘 해볼까를 생각한다(대개는 삶은 달걀 한두 개로 때우지만). 이 년 전만 해도 이대로 눈을 뜨지 않았으면 좋겠다고 생각할 만큼 모든 것이 엉망이었는데……. 오늘 아침엔 커튼을 젖히니 맑은 하늘이 펼쳐졌다. 후다닥 운동화를 신고 나가 한 시간 정도 걷다가 왔다.

인간은 어둠을 돌아보며 빛 속에서 살아간다. 빛은 바로 지금이다.

24년 8월 13일 火 ──   인생이라는 산책길

인생은 대결이 아니다. 나만의 산책길을 따라가며 아름다움을 만나고 그것들을 즐기는 일이다. 나뭇잎 사이로 빠져나오는 햇살, 어디선가 훅 불어와 시원함을 안겨주는 바람, 고소한 냄새가 피어나는 두부 가게, 산등성이 너머로 흘러가는 구름, 그 구름이 사라진 자리에서 피어오르는 분홍빛 노을 같은 것들 말이다.

우리는 단지 살아남기 위해 많은 일을 해야 하지만, 이런 아름다움도 놓치지 않았으면 좋겠다.

24년 8월 16일 金 ──────   면사무소 앞 중국집

시골에 취재 여행을 오면 가끔 중국집에 가는데, 특히 면사무소 근처에 있는 중국집은 웬만하면 들어가려고 노력한다. 점심시간에는 언제나 손님이 많다. 동네 어르신들이 낮부터 탕수육에 소주를 드시고, 노부부가 마주 앉아 짜장면과 볶음밥을 드신다. 주문을 하면 주인아주머니가 대학노트 장부에 볼펜으로 쓴다. 맛은…… 음, 어떤 집은 굉장히 훌륭하고 어떤 집은 정말 엉망진창이다. 그래도 즐겁고 맛있게 먹는다. 오늘은 경북 상주를 지나다가 중국집이 보이길래 들어갔다. 짜장면을 먹을까, 볶음밥을 먹을까 고민하다가 볶음밥을 주문했다. 7,000원이었다. 면사무소 앞 중국집에 앉아 있으면 뭐랄까, 프로 여행자라는 기분이 든다고나 할까.

24년 8월 17일 土 ──────   글쓰기는

글을 쓰다 보면 내가 얼마나 멍청한지를 알게 된다. 부끄럽지만, 그 부끄러움 덕분에 나는 잠시 멈추고 조금 더 생각하게 된다. 글쓰기는 나를 들키게 하고, 나를 조금 더 나은 사람으로 만든다.

24년 8월 20일 火 ———　　　　　여름 과일은 여름에 많이

오늘 점심은 복숭아 한 알이다.
여름 과일은 여름에 많이 먹어두는 것이 좋다.
가을이 되면 복숭아, 포도, 자두가 어딘가에 두고 온 듯 문득 그립기 때문이다.

여름 과일을 볼 때마다 놀란다.
자연은 어떻게 이런 색을 길러내는 것일까.

24년 8월 22일 木 ——　　　　　　　　　백일홍 앞에서

올해 여름은 백일홍이 유난히 붉다.

여름은 길고……

보고 싶은 마음은 어떻게 참는지 궁금하다.

24년 8월 25일 日 ——————   주방에 있다 보면

어제는 새벽 4시까지 술자리가 이어졌다.
오후에 겨우 일어나 빨래를 했다.
산책하고 돌아와 가지 그라탱을 만들었다.
주방에 있다 보면 일상이 회복되는 것 같다.

24년 8월 26일 月 ──────   매미 소리 낮술

여름 낮에는 가끔 구운 두부처럼 간단한 걸 만들어 화이트 와인을 마신다. 물론 딱 한 잔만이다.

내 옆에 있는 것들이 언제까지나 내 곁에 있을 거라고 생각하지 않는다.

즐길 수 있는 시간은 짧다는 걸 아는 데 오십 년이 걸렸다.

오늘은 창문을 열고 매미 소리를 들으며 마셨다.

24년 8월 29일 木 ──── 　　　　　　　　　　도서관

할 일이 없다면 도서관에 가면 된다. 굳이 책 안 읽어도 되니까 그냥 가서 서가를 삼십 분만 돌아다닐 것. 문학이면 문학, 자기계발이면 자기계발, 경제경영이면 경제경영…… 책등의 제목만 봐도 공부가 되는 곳이 도서관이니까.

24년 8월 31일 土 ──　　　　　　　　　　어른이란……?

· 세상일엔 사람의 힘으로는 어쩔 수 없는 부분이 있다는 걸 알고, 좌절과 실패를 받아들이는 법을 배웠다는 걸 의미한다. 상대방에게 예의를 갖춰 패배를 인정할 줄 안다.

· 예의 바른 게 문제가 된 적은 없었던 것 같아.

· 나이 든 사람의 미소가 아름다우면 반하게 되죠.

· 원하는 것만 해서는 원하는 것을 얻을 수는 없다는 걸 알고 있지.

· 내가 알고 있는 건 다른 사람도 이미 알고 있다고 생각하면 꼰대가 되는 걸 조금이나마 피할 수 있어.

· 그냥 이유 없이 남이 잘되는 게, 남이 뭔가 아는 척하는 게 싫은 사람이 있어. 그런 사람은 내 인생을 절대 흔들 수 없으니까 그냥 흘려보내면 돼.

· 오이 세 개를 일주일째 먹고 있다. 어른이지만 오이는 싫어.

24년 9월 2일 月 ──   콩국수를 먹으며

오늘 마감이 세 개나 있다는 걸 깜빡하고 있었다. 점심 먹을 시간도 없이 일하다가 급한 일을 겨우 처리하고 나니 기다렸다는 듯 허기가 몰려왔다.

동네 두붓집에서 콩물을 한 병 사와 콩국수를 만들었다. 작업실을 나와 걷는데 바람이 제법 선선해졌길래 여름이 얼마 남지 않은 걸 깨달았고, 이번 여름엔 콩국수를 한 번도 못 먹었다는 것도 불현듯 알게 됐기 때문이다. 그러고 보니 울창하던 매미 소리도 한결 옅어진 것 같았다.

그 계절에 먹어야만 맛있는 음식이라는 게 있는데, 콩국수도 그런 음식이다. 나는 콩국수에 오이나 계란 같은 걸 올리지 않는다. 국수를 삶아 콩물을 붓고 딱 소금만 넣는다.

'삶을 즐기는 사이 여름이 갔고, 가을이 되었습니다. 아아, 지난봄은 눈부셨군요.' 국수를 삶으며 이런 구절이 들어간 시를 쓸 수 있지 않을까 하고 생각했다.

24년 9월 4일 水 ——— 　　　　　　　이 삶이 얼마나

기분전환을 하는 데 하늘을 올려다보는 것만큼 좋은 게 없다.

저녁 산책을 하다가 하늘을 보며 우주에서 지구를 바라보고 싶다는 생각을 했다.

이 삶이 얼마나 하찮을까, 얼마나 귀중할까.

24년 9월 5일 木 ──────   달걀은 딱 10분 동안

아침에 산책을 하며 하루에 해야 할 일을 머릿속에 떠올린다. 오늘은 인도에 관한 원고 하나를 써야 하고 제작비와 인세, 판매 대금 정산 등 출판사 업무를 봐야 한다. 하기 싫은 일이지만 세상에는 억지로라도 해야 하는 일도 있는 법이니까(돈은 주로 그런 일에서 생긴다). 산책을 마치고 돌아와 달걀 세 개를 삶았다. 두 개는 보리차와 함께 아침으로 먹었고, 하나는 작업실에 가져가기로 했다. 점심은 아무래도 샌드위치로 때워야 할 것 같아 달걀이라도 하나 있으면 조금 더 든든할 것 같다는 생각이 들어서다. 달걀은 딱 10분 동안 삶는다. 달걀과 파스타를 삶는 데는 자기만의 '일관성 있는' 루틴이 있어야 한다고 생각한다.

24년 9월 6일 金 ───   가지덮밥을 만들어 먹었다

지난주는 정말 정신없이 보냈다. 신간이 나왔고, 밀려든 마감 때문에 바빴다. 어제저녁에야 대충이나마 일을 정리하고서는 와인을 반병 마시고 잤다.

아침에 일어나 산책을 나갔다가 오며 샌드위치나 하나 사 먹을까 하다가, 며칠 전 사놓은 가지가 남았다는 게 생각나 가지덮밥을 만들었다. 가지를 세로로 반을 잘라 등에 칼집을 내고 프라이팬에 구운 후 소스를 얹어 4~5분 정도 졸이면 된다. 소스는 물 200ml에 진간장 두 스푼, 올리고당 한 스푼, 그리고 다진 마늘 약간. 소스를 졸일 때 다시마 작은 조각을 넣으면 맛이 더 좋다. 느타리버섯을 넣어 장국을 만들었고, 두부를 전자레인지에 돌렸다.

우롱차와 함께 먹으니 뭔가 제자리를 찾아가는 듯한 기분이 들었다. 느긋한 토요일 오전이었다.

夏 · 45

24년 9월 7일 土 ──────   간사한 마음이여

바람이 선선하다.

겨울이 얼른 왔으면 좋겠다.
따뜻한 난롯가에 앉아 오뎅탕을 두고 사케를 마시고 싶다.

눈발이 희미하게 스쳐 가는 겨울밤의 창가는
얼마나 다정하고 느긋할 것인가.

며칠 전 여름에는 신록을 그렇게 좋다 했건만.
간사한 마음이여.

여행을 가면 만날 수 있는 마음이 있다.
나에게 이런 마음이 있었구나, 그 마음 앞에서 놀라고
자신이 조금은 대견스럽기도 하다.
그 마음을 소중히 간직하고 돌아오는 것.
그래서 더 나은 사람이 되어 있는 것.
여행이 우리에게 주는 선물이 아닐까.

24년 9월 10일 火 ——   좋은 사람

모두에게 좋은 사람일 필요는 없어요.
좋은 사람에게만 좋은 사람이면 됩니다.
모든 사람이 나를 좋아하지 않아도
'나는 여전히 좋은 사람'이라는 걸 잊지 마시고요.

24년 9월 13일 金 ——————   실력

어느 카페 사장님에게 들은 말.
"팔아봐야 실력이 는다."

맞는 말이다. 남한테 팔아봐야 어떻게 하면 잘 팔 수 있는지 고민도 하게 되고, 그 고민을 해결하는 과정에서 실력이 느는 거다.

24년 9월 17일 火 ——   실망

나를 실망시킨 사람은 같은 이유로 또 실망시킨다.
시간이 흘러도 마찬가지다.
이번은 아니겠지 하지만 똑같다.

24년 9월 20일 金 ──   늘 같은 자리에 앉아 있다는 것

긴 출장과 연휴를 보내고 돌아왔다. 몸이 예전 같지 않아서 하루 동안 아무것도 하지 않고 쉬었다. 목욕탕에 다녀왔고, 책을 읽다 말다 했다. 낮잠도 잤다. 저녁에는 계란부추볶음을 만들어 사케를 조금 마셨다. 그렇게 하루를 보내고 일주일 만에 작업실에 가려고 가방을 챙기는데 뭘 해야 할지 몰라 조금은 허둥댔다. 요거트를 가득 담고 블루베리를 한 움큼 넣어 먹었다. 가서 책상 앞에 앉아 있으면 뭔가 해야 할 일이 떠오르겠지. 늘 같은 음식을 먹고 같은 자리에 가서 앉아 있다는 것이 얼마나 대단한 일인지……. 그런데 그걸 알려면 어느 정도는 살아봐야 한다. 젊은 시절에는 대단한 일은 먼 곳에서만 일어나는 줄 알았다.

24년 9월 22일 日 ──────   나이에 맞게

사람이란 나이에 맞게 자연스럽게 살아가면 된다. 애써 더 젊게 꾸밀 필요는 없다. 남의 눈치를 볼 필요도 없다. 젊게 사는 것도 좋지만 더 좋은 건 나이에 맞게 사는 것이 아닐까. 나이 '만' 먹은 사람들이 너무 많다.

24년 9월 23일 月 ──────   '맛있어'라는 말

오늘은 정신없이 바빴다. 끼니를 걸렀다. '뭐라도 먹자' 하고 작업실을 나섰다가 '아니, 맛있는 걸 먹자' 하고 생각했다. 살면서 가장 행복을 느끼게 하는 말을 고르라면 주저 없이 '맛있다'라는 말을 꼽겠다. 살아 보니 '사랑해'라는 말보다, '멋있어'라는 말보다 더 좋은 말이 '맛있어'인 것 같다. 사는 것도 여행도 다 행복을 찾는 일이다. 그리고 거기엔 당연히 비용이 드는데, 그 비용을 가장 잘 쓰는 방법이 여행을 떠나고 맛있는 음식을 먹는 일이 아닐까.

24년 9월 25일 水 ──────   가끔은 세상과 상관없는 사람

· 여행이 꼭 뭔가를 얻어야만 한다면 여행이 아니겠지. 즐거웠으면 그것만으로도 됐다. 낯선 곳에 가서 맛있는 음식을 먹고, 미술관을 어슬렁거리거나 해변에 누워 파도 소리를 즐기는 것, 그것이 현대의 여행이다. 나는 이틀 동안 좋은 여행을 했고 내 인생의 이틀은 그래서 더 좋았다, 이 정도면 충분하다.

· 여행이 좋은 가장 큰 이유는 하기 싫은 일을 하지 않아도 되기 때문이 아닐까. 돈을 벌지 않아도 아무도 뭐라고 하지 않는다. 죄책감을 가질 필요도 없다.

· 가끔 우린 세상과 상관없는 사람이 될 필요가 있다. 그래서 여행을 떠나지.

· 여행을 하다 보면 알게 된다. 고독을 즐기는 일에도 비용이 든다는 걸.

· 인간이 여행하는 이유는 모두가 바쁘고 지루한 인생을 살고 있다는 것을 확인하기 위해서다.

24년 9월 25일 水 ── 가끔은 세상과 상관없는 사람

· 여행을 갈 때 여행 에세이를 가져가서 읽는다. 여행을 가서 또 다른 여행을 생각하면 내가 조금 더 멀리 가고 있다는 듯한 기분이 들기 때문이다.

· 화를 내고 짜증을 부리는 건, 정말이지 아무짝에도 쓸모가 없어요. 여행하듯 살면 좋겠어요.

· 삶은 분석하는 것이 아니라 느끼는 것이겠죠. 여행은 삶을 느끼는 가장 좋은 방법이고요. 맛있는 소바와 덴뿌라를 먹고 나니 세상이 마냥 좋아집니다.

· 경주는 어른이 되면서 그 매력을 알아 가는 도시다.

24년 9월 28일 土 ──────   어둠 속에서만 보이는 것

인생을 살며 누구나 어두운 시절을 만나.
그 어둠을 통과하고 나면 조금 더 나은 사람이 되는 거지.
별은 어둠 속에서만 보이는 법이고,
뭔가를 찾기 위해선 어두운 곳을 뒤져야 할 때가 많아.

2장
24년 가을

팥크림처럼
　　　　달디 단

"망설이지 말고 주저하던 일을 시작하세요. 사랑하는 사람에게 사랑한다고 말하세요. 인생은 생각보다 짧으니까요."

24년 10월 3일 木 ——— 　　　　　　　　　　삶의 실체

삶은 꼭 위대한 작품을 쓰거나 이 사회에 커다란 기여를 해야만 하는 것이 아니다.

삶은 책을 읽고, 음악을 듣고, 산책을 하고, 좋아하는 사람과 맛있는 음식을 함께 먹는 일이기도 하다.

삶은 일어나자마자 침대를 정리하고, 잊지 않고 쓰레기를 갖다 버리는 일이기도 하다.

24년 10월 5일 土 ──────   팥크림처럼 달디 단

지난달 23일부터 이어진 길고 긴 출장. 광주에서 시작해 영천-안동-청도-경주-포항-영덕-울진-영양-청송-강진-장흥-고흥-남해를 돌아 속초까지 왔다. 여름비를 맞으며 출발했는데 지금은 가을비가 내린다.

오늘 취재를 마치고 돌아가려고 했는데, 비 때문에 어쩔 수 없이 일정을 하루 늦췄다. 막국숫집에서 따뜻한 면수로 몸을 데우고 가까운 스타벅스로 왔다. 마감해야 할 원고와 몇 가지 자질구레한 일을 처리했다. 그리고 사진을 백업 받고 에스프레소를 마신다. 여행을 할 때마다 "여행은 기본적으로 불편한 것이며 불편하지 않은 여행은 여행이 아니다"라는 하루키 영감의 말을 떠올리며 "역시 나는 여행과 안 맞아" 하고 투덜대지만 그래도 여행이 좋다. 와이파이가 되는 카페가 있고 편의점이 있으면 그럭저럭 헤쳐나갈 수 있는 것이 여행작가라는 직업이다.

다음날, 속초 취재를 마무리하고 도평커피라는 카페에서 원고를 보냈다. 마감을 끝낸 홀가분한 마음으로 커피를 마시며 창밖의 가을을 보았다. 커피에 팥크림을 올렸는데 은근하고 맛있게 달다. 예전엔 운명이나 팔자 같은 걸 믿지 않았지만, 이

24년 10월 5일 土 ──────   팥크림처럼 달디 단

젠 그런 게 있는 것도 같다. 길 위에서 바뀐 계절을 맞고, 책과 계약서를 쓰고, 만남과 이별을 겪었다. 이마에 바람을 이고 사는 인생인 모양이다. 여행이 팔자이겠거니, 글이 운명이겠거니…….

집으로 돌아갈 시간이다. 가을이라서 슈베르트를 들으며 가야겠다. 음악이 있으니 외로움이 조금이나마 덜하다. 남은 인생에서 가끔 팥크림처럼 달디 단 순간을 맛볼 수 있다면 좋겠다.

24년 10월 8일 火 ────   보리암에서

남해 보리암에서 딱 하나, 소원을 빌었다.

간절히 원하는 뭔가가 있다는 건 살아갈 이유가 있다는 거겠지.

24년 10월 11일 金 ──────   기억해 둘만한 날

내 주문을 마지막으로 런치 세트가 매진됐다.
태어나서 한 번도 해보지 못한 것들 중 하나를 해본 날이다.
이런 날은 기억해 둘만 하다.

24년 10월 12일 土 ──────   화분

작업실에 화분을 하나 놓고 싶었는데 때마침 이번 고흥 출장에서 커피나무 두 그루를 얻어왔다. 분갈이를 하고 물을 준 후 창가에 내놓았다. "손이 많이 가지 않는 거라 키우기 쉬울 거예요. 물은 일주일에 한 번 정도만 주세요." 화훼마트 아주머니가 이렇게 말했지만 지금까지 뭘 키워본 적이 없는 터라 자꾸 신경이 쓰인다. 오늘은 이파리를 닦아 주었는데 오후 햇살이 비쳐 반짝이는 게 보기 좋다. 나이가 드니 화분이 좋아지네. 산다는 건 생각보다 시시한 것 같기도 하고 생각보다 재미있는 것 같기도 하다.

24년 10월 13일 日 ──　　밥을 먹고 발을 씻는 사이 벌어진

지독한 숙취에서 깨어나 국수를 만들어 먹고 스타벅스에 왔다. 커피를 마시며 원고 하나를 쓰고 『금강경』을 읽는 일요일. 『금강경』 제1자는 이렇게 시작한다.

"이와 같이 나는 들었습니다. 어느 때 부처님께서 거룩한 비구 천이백오십 명과 함께 사위국 기수급고독원에 계셨습니다. 그때 세존께서는 공양 때가 되어 가사를 입고 발우를 들고 걸식하고자 사위대성에 들어가셨습니다. 성안에서 차례로 걸식하신 후 본래의 처소로 돌아와 공양을 드신 뒤 가사와 발우를 거두고 발을 씻으신 다음 자리를 펴고 앉으셨습니다."

아무 내용이 없는 것 같지만 여기에 다 들어있다. 이 문장이 말하고 있는 것은 '이 순간 이 자리'에 관해서다. 해석을 하자면 '이 순간 이 자리에서 지금 하고 싶은 일을 해야 한다.' 정도가 될 것이다. 부처는 말한다. "삶은 이것이 전부이고 삶에서 이것보다 더 중요한 일은 없다"라고.

'우리는 생활을 하는 가운데 사랑을 하고 글을 쓰고 업적을 이루다가 사라진다. 그러니 생활에 정성을 기울이고 잘하라.'

24년 10월 13일 日 ──────   밥을 먹고 발을 씻는 사이 벌어진

금강경의 가르침은 이게 전부다.

인생을 살아가며 후회가 없을 수는 없다. 나 역시 돌이켜 보니 후회가 많다. 그래서 가슴이 아프다. 후회를 줄일 수 있는 방법 가운데 하나가 이 순간 이 자리에서 지금 하고 싶은 일을 하는 것이다.

가을비가 내리고 있다. 비가 내리는 걸 바라본다. 내게 인연이 더 남았는가, 써야 할 글이 더 남았는가, 눈물이 더 남았는가. 남았다면 밥을 먹고 발을 씻는 사이사이 벌어질 한낱 사소한 일일 뿐이겠거니.

24년 10월 15일 火 ────   인생에 도움이 되는 건

· 인생은 생각대로 되는 건 없지만 예상대로 흘러간다.

· 살다 보면 나쁘지 않은 것이 가장 좋은 것이라는 사실을 알게 된다.

· 인생을 바꾸고 싶다면 여행을 가는 것보다 하루에 한 시간 일찍 일어나 운동을 하는 것이 더 효과적이다.

· 첫째, 친절할 것. 둘째, 친절할 것. 셋째, 그래도 친절하려 애쓸 것.

· 할 수 있는 데까진 최선을 다하는 거죠. 일도, 연애도, 야구도. 끝까지, 9회 말까지 가봐야 아는 거니까요.

· 사는 건 레벨 업이 아니라 스펙트럼을 넓히는 것.

· 쉬운 일은 없다. 어떤 일이든 그만의 애로 사항이 있다. 그러니까 어리광 같은 건 부리지 말 것.

· 복수와 응징이 필요할 때도 있지만, 인생에 더 도움이 되는

24년 10월 15일 火 ─── 　　　　　　인생에 도움이 되는 건

건 신세 진 것은 반드시 갚는다는 마음이 아닐까 싶다. 내가 받은 도움을 잘 기억해 두는 것. 좋은 사람이 되기 위한 첫걸음이다.

· 사람이 꿈에 젖어서만 살 수 있나. 하지만 나이가 드니 그 꿈을 좇지 못한 것이 후회가 되더라고.

· 자주 웃고 맛있는 음식을 챙겨 먹읍시다. 좋아한다는 말은 할 수 있을 때 하고요. 인생에는 아무리 원해도 이루지 못하는 일이 있고, 우리는 영원히 살지 않습니다.

24년 10월 17일 木 ──────   구인사 절밥

어제 단양 취재를 하러 간 길에 구인사를 찾았다. 천태종의 총본산으로 전국에 140개나 되는 절을 관장하고 있는 대찰이다. 새벽같이 나선다고 아침을 거른 터라 배가 고팠는데 때마침 점심 공양 시간이라 절밥을 얻어먹을 수 있었다. 된장국과 김치, 감자 그리고 고추장 한 숟가락으로 이루어진 단출한 밥. 맛있게 먹었다. 일주문을 내려 오는 길에 은행잎이 노랗게 물들어 가는 것을 볼 수 있었다. 허겁지겁 올라갈 때는 미처 보지 못했는데…….

지금껏 살아오며 내가 화를 낸 많은 일들이 웃어넘길 수도 있었던 일이었다는 생각이 문득 들었다.

24년 10월 19일 土 ──　　　　　　　　　　　　연시 한 알

아침에 연시를 먹었다.
예전엔 몰랐던 맛이다.

달기도 한 듯
떫기도 한 듯.

산다는 건 이런 모호함을 극복하다가
나중에는 즐기게 되는 일이 아닐까 싶다.

연시 한 알 앞에서
다시 젊어지고 싶지 않다고 생각하는 가을날.

24년 10월 21일 月 ──────　　　　　　한 번 떠나간 것은

어제 저물 무렵 산책을 하다가 여름이 지나갔다는 사실을 문득 알았다.

청포도 같은 젊음은, 소나기 세차던 여름은 이제 돌아오지 않을 것이다.

한 번 떠나간 것은 다시 돌아오지 않는다.

더 슬픈 것은 '떠나간 것은 다시 돌아오지 않는다'는 이 가차 없는 사실을 알게 됐다는 것이다.

24년 10월 23일 水 ──────   실수에 관하여

인생은 작은 실수들로 가득하다. 아침에 알람을 끄고 다시 잠들었다가 지각을 하거나, 설탕인 줄 알고 소금을 넣기도 한다. 어릴 때는 작은 실수 하나에도 가슴을 졸였다. 틀린 답을 적으면 창피했고, 길을 잘못 들면 멍청한 자신을 자책했다.

하지만 살아갈수록 알게 된다. 인생이란 원래 크고 작은 실수들의 연속이며, 우리는 그 속에서 조금씩 방향을 수정해 나간다는 것을. 어쩌면 실수야말로 우리가 살아 있다는 증거가 아닐까. 실수를 한다는 것은 무언가를 시도하고 있다는 뜻이고, 그 과정에서 우리는 삶을 배우고 진실에 다가간다.

실수 없는 삶이란 멈춰버린 삶이다. 그러니 너무 두려워하지 말자. 우리는 오늘도 실수를 하고, 실수를 하며 성장해 간다.

24년 10월 24일 木 ─── 겸연쩍지만

얼마 전 어느 베스트셀러 에세이를 읽다가 중간에 덮었다. 잘 쓴 글이었고 다 맞는 말이었는데, 조금은 신경질적이고 짜증 난 듯한 문장이 계속 읽어 나가기가 버거웠다. 젊었을 때야 '맞아, 맞아' 하며 밑줄도 치며 '나도 이런 글을 써야지' 하는 생각을 했겠지만, 이제 '이런 문장은 젊은 사람들에게 맡기자' 하고 생각하게 된다. 겸연쩍지만 뭐, 사실은 사실이니까.

24년 10월 25일 金 ——————   논다는 것

일주일에 하루 정도는 콘텐츠라는 걸 만들지 않고 오직 소비만 하는 날을 가지려고 한다. 카페에 태블릿과 책만 가지고 가서 책만 읽다가 오기도 하고 하루 종일 전시회를 보러 돌아다니기도 한다. 아무것도 안 하고 멍하니 창밖만 바라보거나 드라이브를 하며 시간을 보낼 때도 있다. 뭔가를 만드는 사람에겐 뭔가를 소비하는 시간이 곧 채워 넣는 시간이다. 논다는 것에 죄책감 같은 거 안 가져도 된다.

24년 10월 28일 月 ──   가을은 몇 번이고

아침에 일어나 오믈렛을 만들어 먹고 빨래방에 가서 이불 빨래를 했다. 세탁기가 돌아가는 사이, 옆에 있는 편의점에서 커피를 사서 마셨다. 가을 햇살이 좋아 편의점 테이블에서 텔로니어스 몽크를 들으며 가져간 책을 읽었다.

빨래를 마친 후 집으로 돌아와 도톰한 가을 이불을 꺼냈다. 반바지와 티셔츠를 옷장 서랍에 넣고 대신 후드티와 패딩을 옷걸이에 걸었다. 집안일을 대충 마무리한 후 동네에 LP로 재즈를 틀어주는 카페가 있다길래 가서 라테를 마셨는데, 책을 읽다가 좋아하는 연주가 나오면 책을 덮고 음악을 들었다. 전화가 오면 카페 밖으로 나가 받았다. 거리의 은행나무가 노랗게 물들고 있었다.

테이블 위에는 물잔에 통과해 온 가을 햇빛이 잠자리 날개처럼 반짝이고 있어 오래도록 바라보았다. 가을은 짧지만 몇 번이고 다시 오는 거라고 생각했는데, 영원히 돌아오는 것은 아니겠지.

24년 10월 31일 木 ──────   어느 먼 훗날 바라보는 우리의 삶

우리의 삶은 대부분 비슷한 일생으로 이루어져 있다. 태어나고, 학교를 가고, 직장에 다니고, 결혼을 하고, 아이를 낳는다. 그렇게 늙어간다.

우주비행사는 우주공간에 체류하는 동안 우주선 창밖으로 지구 전체를 바라보게 된다. 이때 지구가 너무 작게 느껴지고 그 안에서 아옹다옹하며 살아온 자신이 한없이 작고 부질없는 존재로 느껴진다고 한다. 그래서 지구로 귀환한 우주 여행사들이 겸허해지는 등 가치관의 변화를 경험하게 되는 이 현상을 '조망 효과Overview Effect'라고 한다.

나 역시 그럴 것 같다. 한없이 높은 곳에서 내려다보게 되는 순간, 눈물을 글썽일 것 같다. 수많은 선택과 후회, 기쁨과 슬픔이 겹겹이 쌓여 만들어진 생이 고작 하나의 작은 점일 뿐이라니 말이다.

그러니 하루하루를 즐겁게 살자. 거대한 의미를 찾으려 애쓰기보다, 작은 기쁨을 누리며 살자. 한 모금의 커피, 따뜻한 햇살, 느긋한 산책, 사랑하는 사람과의 짧은 대화. 이런 것들이 모여 우리를 빛나게 할 것이다.

24년 10월 31일 木 ────   어느 먼 훗날 바라보는 우리의 삶

우주에서 바라보는 지구는 언제나 아름답다. 어느 먼 훗날 바라보는 우리의 삶도 그러하기를.

24년 11월 1일 金 —— 　　　　　노천카페에서

밖에서 작업을 할 수 있는 날씨라면 한두 시간 정도는 그러려고 노력한다. 집중력은 조금 떨어지지만 그래도 괜찮다. 일을 잘하는 것도 중요하지만, 좋은 기분을 느끼는 게 때로 더 중요하니까 말이다.

24년 11월 3일 日 ──────   헛된 시간은 없어요

지금은 여행 작가가 주된 일이지만, 시인이었던 때가 있었다 (믿기지 않으시겠지만). 시를 쓰지 못하던 시절, 스스로를 자책하곤 했다. 나 자신에게 미안했기 때문이다.

그러던 중 두 번째 전시회를 열었는데, 전시회 준비를 마치고 벽에 걸린 사진들을 보는데 그동안 시를 쓰지 못했던 미안한 마음이 스르르 사라지는 것이었다. '아, 나는 시를 쓰지 못했지만 언제나 시적인 장면 앞에 서 있었구나. 이 사진들이 내가 쓴 시구나' 하는 생각이 들었기 때문이다. 여행을 하며 시적인 장면을 만나면 나는 멈춰 섰고 나도 모르게 셔터를 눌렀던 것이다.

지금 자신이 원하는 일을 하지 못하고 있다고 자책할 필요는 없다. 자기도 모르는 곳에서 자신도 모르는 또 다른 자신이 열심히 뭔가를 하고 있을 테니까. 살아보니 헛된 시간은 하나도 없더라고. 모든 것은 언젠가는 드러나게 되어 있다. 뭐, 드러나지 않으면 어때, 그냥 이렇게 살면 되는 거지.

24년 11월 6일 水 ——   사는 것, 살아내는 것

물리적으로 오래 산다는 게 꼭 오래 사는 건 아닌 것 같다. 좋아하는 일을 하며 즐겁고 행복하게 산다면 그게 더 오래 사는 게 아닐까? 삼십 년을 살아도 자기가 하고 싶은 일을 하며 사는 것과 백 년을 살아도 하기 싫은 일을 하며 억지로 사는 건 분명 다를 것이다. 사는 것과 살아내는 것, 그 둘은 분명히 다르다.

언제나 행복하다면 '행복'이라는 말이 없지 않을까. 불행도 마찬가지일 것이다. 행복과 불행은 밀물과 썰물처럼, 밤과 새벽처럼 서로 맞물려 있다. 그러니 우리는 긴 안목을 가지고 현재를 충실히 살아가면 된다.

햇빛 가득한 날씨를 즐기고 맛있는 음식을 먹으며 하루를 보낼 것. 인생은 나를 위해 사는 것이지 다른 누군가를 위해 사는 것이 아니니까.

24년 11월 12일 火 ──————   　　　　　　　감정 소모

'안 봐도 안다'는 말이 있지만, 살면서 배운 건 '겪어보지 않으면 절대 알 수 없다'라는 것이다. 인간관계에서 가장 큰 감정 소모는 작은 일 하나로 한 사람의 전체를 평가하는 데서 일어난다.

24년 11월 13일 水 ——						도망치기

어떨 땐 설득시키는 것보다는 도망치는 게 낫다. 은은한 미치광이들로 가득한 이 세상에서 조금이나마 평화로운 삶을 살 수 있는 방법이다.

24년 11월 14일 木 ——   할 말은 많지만

참고 참고 참다가, 하고 싶은 백 마디 말 중에 한마디를 했는데, 나중에는 그 말마저도 괜히 했구나 하고 후회가 되더라. 할 말은 많지만 참고, 참고, 또 참자. 돌아보니 꼭 해야 할 말은 하나도 없었더라.

오늘 저녁에는 여느 때와 다름없이 걸을 것이다. 하고 싶은 말을 묻으러 멀리멀리 걸을 것이다. 노을 너머에 말의 무덤이 있다고 들었다.

24년 11월 16일 土 ──── 돌아보니 아름답고, 멀리서 보니 눈물겨운

아침에 도서관에 와서 이달 말에 나올 새 책의 교정지를 보았다. 점심시간이 되어 도서관 앞 빵집에서 소금빵을 사서 집에서 우려 온 홍차와 함께 도서관 벤치에 앉아 먹었다. 바람이 불 때마다 잎이 떨어져 내렸는데, 빈 가지가 많이 보였다. 곧 겨울이 올 모양이다.

바람에 날려 발등을 지나가는 낙엽을 보며, 가을이 가고 겨울이 오는 것처럼 세상의 많은 일들이 내 이해의 영역 밖에 있다는 생각이 들었다. 바람처럼, 계절처럼, 어떤 일은 내 의사와는 상관없이 그냥 오고, 또 간다. 아픔과 슬픔도 그렇다. 그것들은 이유 없이 오는데, 그것들의 속성을 이해하려고 하는 순간 모든 것이 헝클어져 버리는 것이다.

젊은 시절엔 이해만으로 삶을 해결하려고 했다. 이해시키려고 노력했고, 이해하려고 애썼다. 그래서 참 많이도 싸우고 실망했던 건지도 모르겠다. 세월이 지나면서 많은 고통과 슬픔, 이별을 겪었다. 그리고 여행을 했다. 이젠 이해만으로 이 세상을 살아갈 수 없다는 걸 알게 됐다.

겨울나무 앞에서 나는 나무 한 그루의 생애조차 알지 못하는

24년 11월 16일 土 ——— 돌아보니 아름답고, 멀리서 보니 눈물겨운

것이 인간이라는 사실을 깨닫고 조금 더 겸허해진다. 이젠 젊은 시절로 돌아가고 싶지 않다. 젊음은 돌아볼 때 아름답고, 멀리서 보니 눈물겨울 뿐이니까. 겨울 동안 잎을 떨어트린 저 나무들처럼 숙고하다가 봄이 오면 더 겸허해진 나를 만날 수 있다면 좋겠다.

24년 11월 17일 日 ──────   새 볼펜

작가 미팅을 하러 서울에 나갔다가 시간이 조금 남아 무인양품MUJI에 들렀다. 겨울옷과 문구를 구경하다가 볼펜 두 자루를 샀다. 책상 위 볼펜 통에는 볼펜이 가득 꽂혀 있는데, 도대체 볼펜은 왜 자꾸만 사게 되는 것일까. 이건 영원히 풀 수 없는 의문이다. 새 볼펜을 사서 처음 메모한 문장이다.

   매일 쓴다는 것, 그건 아주 힘든 일이지만, 매일 쓸 수 있다는 것, 그건 아주 행복한 일이기도 하다.

어떤 물건을 이미 많이 가지고 있지만 계속 산다는 건, 그 물건으로 하는 일을 정말 사랑한다는 뜻이 아닐까.

24년 11월 19일 火 ──────   중요한 건 말이야

산다는 건 이기고 지고의 문제가 아니야. 그런 건 정말 하찮은 문제라니까. 중요한 건 말이야, 스스로 납득할 만한 좋은 사람이 되는 거지. 제대로 된 눈빛을 만들어 가는 거라구.

24년 11월 20일 水 ──────   사랑은 아팠던 만큼

· 사람은 자신이 꿈꾸던 이상형과는 전혀 다른 사람을 만나 사랑에 빠지지. 그리고 거기에서 조금씩 조금씩 벗어나는 거고.

· 상대방을 운명이라고 여기면 책임도 생겨나지 않는다. 만남은 운명이 아니라 서로의 선택이고 그래서 서로의 책임이기도 하다. 이것이 서로에게 최선을 다해야 하는 이유다.

· 사랑은 이해하려고 노력하는 것이 아니라, 이해하지 못한다는 사실을 인정하고 그것조차 받아들이는 것이 아닐까.

· 모두들 '내게만 좋은 사람'을 원하지.

· 어떤 잘못을 두 사람 가운데 놓고 바라보면 싸우게 된다. 하지만 그 잘못을 두 사람이 같이 바라보는 방향에 놓고, 같이 해결해야 할 것으로 생각하면 안 싸워도 된다.

· 사람은 아팠던 만큼 다정해진다.

· 좋아하는 사람의 실수는 같이 아파하는 것.

24년 11월 21일 木 ──────   그래서 삶은 여행이라고

· 아무 일도 일어나지 않은 것 같지만, 실제로는 엄청난 일들이 매일 일어나는 것, 그것이 여행이죠. 그것이 또 인생이기도 하구요.

· 여행은 원래 피곤한 일이다. 하루키 영감이 말했듯 피곤하지 않은 여행은 여행이 아니다. 창밖을 바라보며 저곳에는 여기와는 다른 삶이 있겠지, 하며 생각하고 가 보면 다 똑같다. 모두가 피곤하고 지루한 삶을 살고 있다. 여행은 피곤이, 삶은 아등바등이 디폴트다. 그래서 삶은 여행이라고 하는지도 모른다.

· 창밖을 바라보며 저곳에는 여기와는 다른 삶이 있겠지, 하며 생각하지만 가 보면 다 똑같다. 모두가 피곤하고 지루한 삶을 살고 있다. 여행은 피곤이, 삶은 아등바등이 디폴트다. 그래서 삶은 여행이라고 하는지도 모른다.

· 뭔가를 잃어버려도 괜찮다. 여행을 와서는 이런 생각을 자주 한다. 그만큼 뭔가 얻는 게 있겠지, 뭐. 이렇게 생각해 버린다. 그래서 삶은 여행이라고 하는지도 모른다.

24년 11월 21일 木 ──────   그래서 삶은 여행이라고

· 세계 여러 곳을 여행하다 보면 수도꼭지를 틀면 물이 나온다는 것, 따뜻한 물이 나온다는 것, 변기가 망가져 있지 않다는 것에 새삼 고마움을 느끼게 된다.

· 사람들은 여행을 다녀와서 새로운 여행을 생각한다. 월요일자 신문에 여행사 광고가 실리는 이유다. 사랑이 끝났을 때, 우리가 새로운 사랑을 찾아 나서는 것과 같다.

· 여행은 내가 싫어하는 것들을 별 죄책감없이 외면할 수 있어 좋다.

· 뭔가를 찾아 여행을 떠나는 일은 안경을 쓰고 안경을 찾는 것과 다르지 않다. 당신이 찾고 싶은 뭔가는 당신 주위에 있다. 그것들은 책상 앞이나 사무실 주변, 혹은 자주 가는 카페에 떨어져 있을 수도 있다. 잘 살펴 본다면 찾을 수 있을 것이다.

24년 11월 25일 月 ──── 　　　　햇빛이 물러나는 시간

나이가 들어서 그런가, 카페에서 커피를 마실 때 아무것도 안 할 때가 많다. 책도 안 읽고 휴대전화도 안 본다. 작업실에서 삼십 분 정도 걸어가면 내가 좋아하는 카페가 있는데, 저녁 무렵 거기에 가서 커피만 마시며 창밖을 바라본다. 햇빛이 창가에 놓인 화분을 지나 거리 쪽으로 서서히 물러나는 걸 지켜보며, 그렇게 이십 분 정도 앉아 있다가 다시 걸어서 집으로 돌아온다. 돌아 올 무렵에는 상점들의 네온사인이 켜지고 전철역에서 퇴근한 사람들이 몰려나온다. 천변을 따라 달리기를 하는 사람들도 많다. 하루 중 이 시간이 제일 좋다. 집에 와서 양치질을 하고 『금강경』이나 옛날 작가들의 글을 읽다가 잔다. 최근에 무라카미 하루키의 『노르웨이의 숲』을 다시 읽었는데, 삼분의 일 정도 읽다가 덮었다. 내 나이에 읽을만한 책은 아닌 것 같아서였다. 나이 드는 게 나쁘지 않다. 서른 살 남자는 이해하지 못하는, 나이가 들어야만 느낄 수 있는 즐거움이란 게 분명 있으니까.

3장
24-25년 겨울

혼자
　　하는 여행

"가끔 우린 세상과 상관없는 사람이 될 필요가 있다.
그래서 여행을 떠나지."

24년 12월 3일 火 ──   빌 에번스를 들으며 커피를 마시는 오후

오랫동안 공을 들였던 프로젝트가 끝났다. 다행히 결과가 좋았다. 가벼운 마음으로 돌아오는 길, 축하처럼 첫눈이 펑펑 내렸다. 라디오에서 흘러나오는 음악은 또 왜 그리 좋은지. 내가 정말 좋아하는 스타일이라 그 아티스트의 곡으로 플레이리스트를 만들었다. 리듬에 맞춰 고개를 까닥이며 운전을 했다. 차가 조금 막혔지만 괜찮았다. 좋은 기분을 끝까지 가져가고 싶어 오래전부터 갖고 싶었던 후드티를 샀다. 그리고 단골 카페로 가 빌 에번스의 〈Skating In Central Park〉를 부탁하고 커피를 마셨다. 완벽한 하루. 행복은 찾는 게 아니라 알아차리는 것. 소소한 오늘이야말로 삶이 주는 가장 특별한 선물이 아닐까.

· 누구에게나 자신만의 시간과 공간이 필요하지. 진실한 자신과 만날 수 있는 때거든. 우리가 때로는 모른 척, 못본 체 해야 하는 이유야.

· 영원이란 말처럼 허무한 말도 없지. 자네는 역시 젊군. 이런 말을 쓴다는 게 말이야.

· 우리가 사는 곳은 지옥이야. 하지만 곳곳에 천국이 숨어 있지. 사는 건 그걸 발견하는 일이란다.

· 친절함과 다정함 만한 섹시함은 없다.

· 보이지 않는 진심은 없는 것과 같다. 사랑한다면 사랑하는 마음을, 고맙다면 고맙다는 마음을 보여줘야 한다. 보이지 않으면 아무도 알 수 없다.

· 무언가 그리운 것이 있다는 사실에 기분이 좋아지기도 하죠.

· 나이가 드니 좀 겸손해진다. 가끔 토라지기는 하지만 시샘

24년 12월 5일 木 ———   나이 들어 알게 된 것

도 안 하고 책망도 잘 안 하게 된다. 그럴 수도 있지 뭐, 하고 생각하고 만다. 마음이 너그러워져서가 아니라 사실은 체력이 모자라 싸울 힘이 없기 때문이다.

· 한때 열렬하게 품었던 희망들. 그것이 나중에는 고통의 원인이 된단다.

· 각자의 삶은 비교할 수 있는 것이 아닙니다. 시시한 삶이란 없어요.

· 감정은 사라지지만 결과는 남는다

· 젊었을 때는 '오늘도 열심히 일한 하루였어' 하고 말했으면 싶었지만, 지금은 '아아, 오늘도 즐거웠어' 하고 말하고 싶다.

· 이제 내 인생 전체를 걸 만한 건 나 말고는 없다.

24년 12월 10일 火 ──   삶은 여정일 뿐이라서

고민하는 걸 즐길 수 있을까? 어떤 고민이어야 그 고민을 즐길 수 있을까? 살면서 옷이나 음식, 여행 등에 관한 고민은 많이 했지만, 그런 것들에 대한 욕구는 이젠 사라진 것 같다. 지금 가지고 있는 것만으로도 충분하고, 필요한 건 그동안 만들어진 취향대로 별 고민 없이 산다. 요즘 열심히 하고 있는 고민은 내가 닿고 싶은 어느 지점에 관한 것이다. 그건 만들고 싶은 제품일 때도 있고, 이루고 싶은 목표에 관한 것일 때도 있다. 노트북 앞에 앉아 몰스킨을 끄적이며 열심히 구상하고 고민한다. 혼신을 다한다고까지는 말하진 못하겠지만 그래도 진지하게 임하고 있다. 내가 원하는 지점에 닿지 못할 수도 있겠지만, 그래도 괜찮다. 삶은 여정이고 그 여정 속에서 아름다움을 발견하고 즐거움을 느낀다는 걸 이젠 알고 있으니 말이다. 완벽함 같은 건 없다. 점점 나아지는 과정만이 있을 뿐이다.

24년 12월 13일 金 ──── 우리가 함께한 시간은 손뼉처럼 즐거웠고

인생이 아름다운 이유는 불확실하고 덧없기 때문이 아닐까? 불교에서는 이를 '무상無常'이라고 했다. 모든 존재와 현상이 끊임없이 변하고 영원히 지속되지 않는다는 뜻이다. 봄이 가면 여름이 오고, 청춘은 어처구니없이 지나가고, 강물은 어스름 쪽으로 흘러가 흔적을 감춘다. 이 모두가 무상의 예다. 오늘 아침, 화분에 분무기로 물을 줄 때 무지개가 생겼다가 홀연히 사라지는 것을 보았다. 이것이 바로 삶이구나. 나는 잠깐의 탄식과 함께 꽃나무의 잎을 쓰다듬었다. 고통은 무상한 것들이 영원하기를 바랄 때 생긴다. 그러니 덧없음을 두려워하지 말고 그 속에서 피어나는 아름다움을 보아라. 당신과 가을은 떠나갔지만 나는 이제 기다리지 않는다. 다시 오지 않아도 괜찮기 때문이다. 당신과 함께한 시간이 손뼉처럼 즐거웠고, 가을엔 연시를 달게 먹었으니까.

24년 12월 14일 土 —— 프로필 사진

책에 넣을 프로필 사진을 찍었다. 다른 사람 사진은 많이 찍었지만 정작 내 사진은 쓸만한 게 없었다. 더 늙기 전에 한 장 찍어두자는 생각에 새 후디 입고 찰칵. 찍고 보니 참 많이 늙었구나 싶었다. 눈가에는 주름이 자글자글하다. 조금 더 일찍 찍어둘 걸 하는 마음이 들기도 했지만 괜찮다. 보기 싫을 정도는 아니다. 어느새 쉰 둘. 왠지 모르게 조금 쓸쓸하기도 했지만, 사진을 보며 그럭저럭 잘 늙어가고 있다는 생각이 들었다.

24년 12월 15일 日 ──────   두려움

시작하기 전이 가장 두렵다. 그 두려움은 시작하고 나면 조금씩 사라진다는 것도 알고 있다. 그걸 알고 있지만 잘 안된다. 조금씩 쓰니까 조금이라도 나아간다. 두려움을 이기는 방법은 두려움 속으로 들어가 그 두려움을 뚫고 나오는 것 말고는 방법이 없다. 뭔가를 완성하려면 뭐라도 시작해야 한다.

24년 12월 17일 火 ———   치앙마이에서 1

여기는 치앙마이다. 처음 와보는 도시다.

이십 년 넘게 여행을 하고, 나이 오십이 넘다 보니 떠나기 전 딱히 설레는 마음 같은 건 없었다. 비행기를 여섯 시간이나 타는 게 조금 귀찮고 힘들다는 생각이 들었다.

치앙마이로 오는 비행기 안에서 기내 영화를 보는데, 주인공이 이런 말을 했다.
"살아온 길을 확인하는 여행도 있지."

치앙마이에 도착해 숙소에 짐을 풀고 테라스에서 커피를 마시며 치앙마이의 골목을 바라보았다. 오토바이가 지나고 코코넛 나무의 잎이 바람에 흔들렸다. 나는 이렇게 중얼거렸다.
"살아갈 날을 예감하게 하는 여행도 있지."

24년 12월 19일 木 ──────   치앙마이에서 2

· 풀장이 내려다보이는 숙소의 테라스에서 원고를 썼다. 망고와 바나나가 가득한 접시로 아침을 먹으며 강원도 동해 원고를 마감했고 카페에서 커피를 마시며 다음 달에 나올 신간 견적서를 검토했다. 한국에서의 시간과 별다를 게 없다. 다른 게 있다면 한국은 겨울인데 여긴 여름이고 햇빛 아래에선 덥고 그늘에서는 시원하다는 것 정도? 아, 사람들이 잘 웃어서 좋다.

· 삶과 일을 굳이 구분할 필요가 없다는 걸 다시 한번 깨달았다. 삶이 곧 일이고, 일이 곧 삶이 될 때 인생은 더 많은 의미와 보람을 찾을 수 있지 않을까. 그런 점에서 여행 작가로 살아가고 있는 나는 가난하지만 운이 좋은 편이다.

· 혼자 하는 여행은 지금까지 사용하지 않았던 마음의 근육을 사용하게 해준다.

치앙마이 타패게이트 앞 스타벅스에서 반바지에 헐렁한 티셔츠를 입고 크리스마스 캐럴을 들으며 새로 들어갈 작업의 초안을 쓰고 있다.

오늘 저녁에는 왓 쩨디 루앙으로 가 석탑을 물들이는 황혼빛을 볼 것인데, 오래된 벽돌 위에 어룽대는 그 빛을 상상하니 기분이 좋다.

지난 오륙 년, 정말 고통스러운 시간 속을 지나왔다. 그 시간을 통과해 오며 나는 점점 다른 사람이 되어갔다. 그러던 어느 날 지친 몸을 이끌고 집으로 돌아가는 길, 내 발등 위에 머무는 노을빛을 보며 나는 눈시울이 뜨거워진 채 한참을 서 있었다. 노을의 무늬가 나비의 날개처럼 팔랑거렸다.

고개를 들어 하늘을 보았을 때 내 이마 위에서 반짝이던 별. 그날 나는 어두워져야만 비로소 보이는 것이 있다는 것을 깨달았고, 위로와 아름다움은 결코 멀리 있지 않다는 것을 알게 됐다.

시간이 흘러 오늘은 2024년 12월 21일. 저녁 여섯 시 무렵에

24년 12월 21일 土 ──   치앙마이에서 3

나는 무너진 석탑 앞에서 겸손한 마음으로 두 손을 가지런히 모으고 서 있을 것이다. 몇 해 전 그날의 노을빛이 커다란 날개처럼 다가와 석탑을 붉게 물들이고 내 등을 안아주리라 믿으면서 말이다.

치앙마이에서 나는 허물어진 생을 조금씩 회복하고 있다. 폐허 위 탑이 높다.

25년 1월 1일 水 ──────   할 수 있는 것에 최선을 다합시다

새해가 시작됐다. 오십 세 번째 새해를 맞다 보니, 솔직히 별다른 기대 같은 건 없다. 그냥 그러려니, 또 한 해가 시작됐구나 하고 생각할 뿐이다.

올해 이뤄야 할 목표 중에 산책과 체중, 이 두 가지를 가장 윗줄에 올렸다. 이 두 가지 목표를 이루기 위해서는 많이 걷고 덜 먹으면 된다. 정말 간단하다.

오늘 아침, 일어나자마자 차를 마시며 메모 패드에 오늘 하루 동안 먹어야 할 음식을 꾹꾹 눌러썼다. 낫또, 삶은 달걀 두 개, 방울토마토 스무 알, 블루베리 한 줌.

하고 싶은 건 많지만, 정작 할 수 있는 건 별로 없는 것. 그것이 인생이다. 그래서 할 수 있는 걸 최선을 다해서 하려고 한다. 그러다 보면 뭔가 자그마한 것이라도 이룰 수 있을 것이다.

살면서 좋은 글을 쓰는 것과 좋은 인생을 사는 것은 아무런 상관이 없다는 것도 알게 됐다. 좋은 글을 쓰는 것보다 중요한 건, 좋은 하루를 보내는 것이다.

25년 1월 6일 月 ──────   삶의 허무를 견디는 법

12월 초 긴 여행을 다녀온 뒤 연말과 연초가 겹치며 이런저런 모임이 이어졌다. 일상의 루틴이 조금씩 무너지기 시작했다는 신호는 체중으로 먼저 드러난다. 어제 오후, 주저하며 체중계에 올라가 보니 한 달 사이 딱 2킬로그램이 늘었다.

일단 냉장고를 정리했다. 양파 껍질을 까고, 샐러드 채소를 다듬어 소분했다. 발사믹 소스를 만들고, 현미유와 후추, 달걀을 온라인으로 주문했다. 욕실 청소를 하고 칫솔을 새 것으로 바꿨고, 수건을 삶았다. 쌓여 있던 메모를 정리하고, 재활용 쓰레기를 버렸다. 감기 기운이 올라오는 것 같아 약을 먹고 일찍 잠들었다.

오늘 아침, 매일 출근하는 카페에서 매일 마시는 커피를 마시고 있다. 따뜻한 커피잔을 두 손으로 감싸 쥐니 일상이 조금씩 돌아오는 것 같다. 예전엔 삶이라는 것이 아주 거창하고 대단한 무언가라고 생각했다. 사랑, 이념, 성취, 구원 같은 커다란 단어들의 실체를 찾아 헤맸다. 고비 사막의 지평선 너머에, 바라나시의 더러운 골목에 숨어 있는 줄 알고, 지구를 몇 바퀴 돌며 그것들을 찾아다녔다. 그러고 나서 내가 내린 결론은 삶은 그저 착실하게 죽음을 향해 나아가고, 결국엔 허무만

25년 1월 6일 月 ──────   삶의 허무를 견디는 법

이 남는다는 것.

그런데 이 허무를 견디는 방법이 있으니, 냉장고를 청소하고, 아침마다 산책을 하고, 동네 마트에서 저녁거리를 사는 일이다. 발등에 어른대는 노을빛, 아파트 옥상 위에 떨고 있는 저녁별, 욕실에 퍼지는 락스 냄새, 새벽 산책길에서 들려오는 풀벌레 소리, 이런 것들이 삶의 진정한 실체라는 것을 인정하는 것이다. 아무것도 아닌 그것들을 꽉 붙잡고 있을 때, 매일 체중계에 올라가는 루틴을 가지고 있을 때, 우리는 희망과 기대 없이도 살아갈 수 있는 것이다.

25년 1월 7일 火 ─── 이런 인생도

새벽에 일어나 레터를 보내고, 다음 주에 교보문고에 들어갈 신간 광고 시안과 문구를 확정해 자료를 챙겨 보내고, 사인본을 발송하고, 주간지에 원고도 써서 보냈다. 그리고 도망치듯 좋아하는 카페로 왔다. 에스프레소 한 잔을 시켜 놓고 창밖을 바라보고 있다. 겨울 햇살이 창에 분홍빛으로 어린다. 뭐라고 할까, 바쁜 일과 일 사이에 놓인, 약간의 성취감 같기도 하고, 만족감 같기도 한 이 감정을 음미하는 시간이 좋다. 문득 돌아보니 나는 여행을 하고, 글을 쓰고, 사진을 찍고, 책을 만들고 있구나. 애초에 이런 인생을 꿈꾼 건 아니었지만, 이런 인생도 나쁘지만은 않은 것 같다.

25년 1월 8일 水 ─── 　　　　　수줍음에 관하여

나이가 들었는데도 어떤 질문에 귓불이나 볼이 빨개지는 사람을 만날 때가 있다. 그런 사람이 부럽다. 살아 보니 인간미를 가장 잘 드러내는 감정 가운데 하나가 수줍음이다. 수줍음은 미성숙하고 약한 감정이 아니라, 성숙함과 존중의 또 다른 측면이 아닐까. 상대를 배려하고 깊이 의식하기에 자신을 드러내는 것을 머뭇거리는 마음, 그 마음이 만들어내는 미묘한 떨림, 그게 수줍음이라는 감정이 아닐까. 수줍음은 또 틈이기도 한데, 그 틈으로 마음의 온기가 흘러들어 다정함을 만들어내는 것이리라. 그러기에 수줍다는 건 감각이 아직 살아있다는 증거일 것이다. 나이가 들어도 수줍음이라는 감각을 잃지 말자. 무례를 저지르고도 이유 없이 떳떳한 사람이 되지 말자.

25년 1월 10일 金 ─── 　　　　　　　여름이 왔으면

오늘 새벽, 문득 여름이 빨리 왔으면 하는 생각이 들었다. 작년 여름은 매미 소리가 울창했고, 가지와 수박을 많이 먹었던 것 같다. 짙은 나무 그늘 아래 벤치에 앉아 캔맥주를 마시던 오후도 있었다. 구름은 두둥실 하늘 속을 빈둥대고 있었지. 비가 세차던 어느 새벽에 깨어서는 '진짜 여행 작가가 되겠어'라는 엉뚱한 다짐을 하기도 했다. 붉은 배롱나무 아래를 거닐 때는 '다들 보고 싶은 마음은 어떻게 참는지 궁금하다'는 문장이 떠올라 우두커니 서 있었다. 배롱나무꽃이 유난히 붉었던 지난해 여름이었지. 몇 달이 지나면 푸르고, 짙고, 뜨겁고, 울창한 것들로 가득한 그 계절이 다시 올 것이다. 다시 온다면 마음껏 기뻐하고 웃고 즐겨야지. 청춘은 헛되이 보냈지만 다가올 여름은 그러지 말아야지. 지나고 보면 모두가 그립고, 즐기지 못한 것은 두고두고 슬픔이 되니까 말이야.

25년 1월 13일 月 ─── 　　　　　　일본어 배우기

일본어 학원에 다니고 있다. 조금 더 나이가 들면 혼자서 소소하게 이자카야 여행을 즐기고 싶어서다. 잘 숙성한 사시미 한 점에 사케 한 잔. 생각만 해도 기분이 좋다. 그런데 생각보다 일본어 단어가 잘 외워지지 않아 고전 중이다. 계단 같은 건 에스컬레이터로 극복할 수 있지만, 기억력은 내가 어떻게 할 수 없는 일이더군. 나이가 드는 걸 실감할 때는 뭔가가 잘 안 외워질 때다. 그래도 더 늦기 전에 시작했다는 걸 위안으로 삼는다.

25년 1월 15일 水 ——   망설여질 때

할까 말까 망설여질 때, 옛날에는 '일단 해본다'였지만, 지금은 '안 한다'까지는 아니지만, '굳이 할 필요가 있을까?' 하고 생각한다.

25년 1월 18일 土 ──────   나름대로 괜찮아

주말엔 좋아하는 옷을 입고 단골 카페에 간다. 커다란 스피커로 재즈를 틀어주는 카페다. 모르는 곡이 대부분이지만 가끔 빌 에번스나 빌리 홀리데이, 텔로니어스 몽크의 아는 곡이 나올 때가 있다. 그럴 때면 손가락을 까닥이며 콩쾅거리는 피아노를 듣는데, 오십이 넘었지만 이런 걸 즐길 수 있는 내가 좀 괜찮아 보이는군, 이런 생각을 하기도 한다. 뭐, '나름대로는'이다. 그래도 앞으로도 살아가며 이 '나름대로'를 지키며 살아야지. 거창하지는 않아도 내 마음을 기쁘게 하는 작은 일들을 쌓아간다면 인생은 결코 나쁜 쪽으로 흘러가지 않을 것이다. 아무튼 좋아하는 옷을 입고 좋아하는 음악을 듣고 있으면 주머니 속에 작은 선물을 가지고 있는 듯한 기분이 든다.

25년 1월 22일 水 ——   삶은 생각보다 간단하다

좋은 삶을 만드는 방법은 생각보다 간단하다. 잠을 충분히 자고, 규칙적으로 산책을 하고, 좋은 음식을 먹자. 부지런히 책을 읽고, 가끔 여행을 떠나자. 할 수 없는 일에 뭔가를 해보려고 애쓰지 않기. 그리고 다른 사람에게 잘 보이려고 하지 않기(그러면 자기 자신을 잃어버리니까).

25년 1월 23일 木 ──────   안 되는 건 안 되는 거

아무리 해도 안 되는 것이 있다.
젊었을 땐 뭐든 다 할 수 있을 줄 알았는데…….

나이가 드는 건 '아무리 해도 안 되는 것들의 목록'을 차곡차곡 써나가는 것이 아닐까 싶다.

안 되는 건 안 되는 거라고 순순히 인정하자.

25년 1월 24일 金 ──────   놀면서 할 수 있는 건

'놀면서도 돈을 벌 수 있다'라는 말이 사기예요. 어딘가에 글을 써 놓으면 한 달에 천만 원씩 꼬박꼬박 들어오는 일 같은 건 절대 일어나지 않아요. 속지 마세요. 세상은 그렇게 만만하지 않답니다. 세상에서 놀면서 할 수 있는 건 노는 것밖에 없어요. 무언가를 만들기 위해 노는 사람은 없어요. 노는 것처럼 보일 뿐이죠.

25년 1월 27일 月 ──────   천천히 해도 괜찮아

손을 자주 다친다. 오늘도 옷장을 열다가 모서리에 손등을 부딪혔다. 나이가 들어도 급한 성격은 좀처럼 고쳐지지 않는다. 이런 사소한 부주의 앞에서 마음을 다치거나 실망에 빠지거나 한다. 젊은이의 급한 성격은 그럭저럭 넘어갈 수도 있지만 중년 아저씨의 급한 성격은 고집처럼 보이고 자주 꼴불견이 된다. '조금만 더 천천히'를 되뇌이는 아침. 이젠 조금 천천히 해도 괜찮은 나이다.

25년 1월 31일 金 ——— 　　　　　　　불시착

대부분의 인생은 애초에 가고 싶었던 곳이 아닌 엉뚱한 곳에 도착한다. 그래도 불시착한 그곳에서 그럭저럭 살아간다는 점에서 인생은 신비롭고 조금은 불가사의하다. 나는 어쩌다 여행작가가 됐고 어쩌다 글이란 걸 쓰며 살고 있는 것일까.

살아 보니 '널 이해해', '날 이해해 줘'라는 말 만큼 허망한 말은 없는 것 같다. 인간은 결코 타인을 이해할 수 없다. 그러기에 이해받을 수도 없는 것이고.

이해를 시키려고, 이해를 받으려고 애썼던 날들, 그 부질없던 시간들······.

그냥 받아들이면 된다. 받아들일 수 없다면 넘어가면 되고. 인생은 그래도 괜찮다. 아무 상관 없다.

며칠 전 단골 오뎅바에 갔는데 알바생이 명란을 굽다가 실패하는 걸 본 적이 있다.
여주인이 알바생에게 말하는 걸 들었다.
"보기엔 쉬운 데 막상 해보니까 어렵지?"

어제 마감을 끝내고 그 오뎅바에 다시 갔다.
여주인에게 슬그머니 물었다.
"명란을 잘 구우려면 어떡해야 하나요?"
여주인이 대답했다.
"뭔가를 잘하기 위해 가장 먼저 해야 하는 일은 잘 지켜보는 거죠."

삶의 고수들은 바로 옆에 있다.

25년 2월 5일 水 ——— 　　　　　　글을 쓴다는 건

글을 쓴다는 건 특별한 일이 아니다. 매일 국밥집 문 연다고 생각하면 된다. 좋은 재료를 준비하고 정성을 다해 육수를 만든다. 진심을 다해 국밥을 끓이다 보면 실력도 늘고, 단골도 생기고, 매스컴에도 나가게 된다. 여기서 제일 중요한 건 매일 국밥집 문을 여는 것.

25년 2월 6일 木 ──── 　　　　　　나이가 든다는 건

· 문제를 가득 안고도 아무렇지도 않은 듯한 표정과 걸음걸이로 살아갈 수 있다는 거겠지.

· 씨를 뿌렸는데 뭔가 난다. 나이가 들면 이런 사실들이 너무 신비롭게 다가온단다.

· 혼자 있는 시간을 즐길 줄 알아야 해. 나이 든 인간들이 맨날 트집이나 잡고 남 험담이나 하고 질투나 해대고 징징대는 건 혼자 있는 시간을 견디지 못해서 그런 거지.

· '도대체 왜 그런 소리를 입 밖으로 꺼내는 거지?' 하는 생각이 들 정도로 무례한 사람에게 상처를 받지 않는 단단한 마음보다는, 상처를 받지만 시간이 지나 "세상에는 이런 사람도 있고 저런 사람도 있는 거지 뭐" 하면서 털어버릴 수 있는 마음이 오히려 건강한 게 아닐까.

· 나이가 들어도 눈이 내리는 날은 여전히 설레고 좋구나.

25년 2월 9일 日 ──────   남은 날들 방면으로

오전에 자질구레한 일을 정리하고 오후에는 좋아하는 카페에 가서 음악을 들었다. 음악을 들으며 책을 읽다가 해가 뉘엿해지는 걸 보았다.

카페를 나와 차를 몰고 자유로를 따라 드라이브를 했다. 자주 가는 드라이브 코스다. 좋아하는 음악을 크게 틀고 따라 부르며 운전했다.

돌아오는 길, 오른편 차창으로 빈 들판과 얼어붙은 한강이 보였다. 쓸쓸한 풍경이었지만 아름다웠다. 아름다움은 때로 쓸쓸함에 묻어 있고, 자주 슬픔 속에 깃든다.

조금은 쓸쓸하고 슬픈, 하지만 많이 아름다운 이 풍경을 바라보다 문득 내 인생이 얼마나 남았을까 하는 생각이 들었다. 요즘 이런 생각을 가끔 하곤 하는데, 아무래도 나이가 들어서 그렇겠지.

"나는 춤을 출 때 춤만 추고, 잠을 잘 때 잠만 잔다"라고 말한 건 몽테뉴였던가. 저물어 가는 하늘을 끌고 기러기가 날았고, 나는 노래를 따라 부르며 남은 날들 방면으로 차를 몰았다.

25년 2월 12일 水 ——   손으로 쓰기

새 작업을 시작했는데, 메모장과 노트에 펜으로 초안을 쓰고 있다. 예전에는 휴대폰 메모장을 사용했는데 손으로 쓰는 것에 익숙해지다 보니 오히려 휴대폰이 불편하다. 손으로 쓰면 생각도 잘 이어지는 것 같고, 쓱싹쓱싹 쓰는 재미도 있다. 메모를 하고 나서 다시 한번 읽어보게 되는데, 그 과정에서 생각이 더 앞으로 나아가는 경우도 있다. 그래서 항상 주머니에 작은 메모장과 볼펜을 가지고 다닌다. 단점은…… 손으로 쓰다 보니 좋은 펜과 메모장을 찾게 된다는 것. 손에 맞고 필기감 좋은 펜을 찾아다니고 있다.

25년 2월 14일 金 ──────   기계적으로 일하기

가끔 가는 오뎅바가 있다. 사장님과 알바생 단둘이 일한다. 어제는 바에 앉아 그들이 꼬치에 오뎅을 끼우는 것을 가만히 지켜보았는데, 사장님이 세 개를 끼우는 동안 알바생은 하나를 끼웠다. 사장님은 아주 기계적으로 일했다. 로봇처럼 보였다. 기계적으로 일하는 사람들을 보면 믿음이 가고 안심이 된다. 그만큼 숙련됐다는 뜻이니까. 기계적이라는 건 그동안 엄청난 열정과 노력을 쏟아부었다는 증거가 아닐까.

25년 2월 17일 月 ──   난 네가 싫어

"나 그런 거 안 해."
이런 말 꽉꽉하면서 살고 싶다.

"난 네가 싫어."
이렇게 시원하게 말해주고 싶다.

하지만 살면서 가슴 속에 가장 많이 쌓아둔 말이
이 두 가지가 아닐까.

25년 2월 19일 水 ──   진실은 쉽다

인생의 진실은 가장 쉬운 문장 속에 있다.
예를 들자면, '뿌린 대로 거둔다' 같은.

25년 2월 20일 木 ───   호두과자를 먹는 오후

아산에 취재를 다녀왔다. 취재를 마치고 가는 길, 공세리성당에 들렀다. 꼭 한번 데려오고 싶은 사람이 있었는데, 속절없이 세월이 흘렀고 결국 혼자 오게 됐다. 인연이고 운명이겠지, 이렇게 생각하며 성당 앞 마당을 걸었다. 집으로 돌아가는 고속도로, 떠나간 사람의 얼굴을 떠올리면서도 오늘 취재한 곳을 머릿속으로 되짚었다. 일은 일이고 떠나간 사랑은 떠나간 사랑이니까.

흘러가 버린 일들을 낭만화하지 말 것. 되돌리기 불가능한 과거의 일을 자꾸 떠올리는 건 현재의 나를 불행하게 만들 뿐이다. 가끔은 떠오를 수도 있고, 가슴이 저릴 수도 있겠지만, 결국 우리는 오늘을 살아가야 하는 존재다. 발 딛고 사는 곳에서 최대한의 행복을 찾을 것. 느긋하게 온천을 한 후 달콤한 호두과자를 먹으며 돌아가는 오늘 오후처럼 말이다.

25년 2월 22일 土 ──   회전초밥집에서

저녁에 회전초밥집에 갔다. 딱 3년 전 오늘, 출판사를 시작했다. 왜 그런 무모한 일을 벌였는지 모르겠지만 아무튼, 어쩌다 보니 그렇게 됐다. 그래도 뭔가 저지른 날이니 뭔가 맛있는 거나 먹자는 마음이 들어서 갔다. 100개가 넘는 메뉴가 있다고 광고하는 집이었지만 내가 먹는 건 고작해야 두세 가지다. 광어와 참치, 군함말이 정도다.

초밥집을 나오며, 사는 것도 회전초밥집에서 초밥을 고르는 일 비슷한 것 같다는 생각이 들었다. 이것저것 다 맛보겠다고 마음먹고 가지만, 결국 자기가 좋아하는 것만 몇 개 골라 먹고 온다. 예전에는 그런 게 조금 문제가 되는 게 아닐까 하는 생각이 들었지만, 지금은 '그게 뭐 어때서?' 하고 생각한다. 회천초밥집에서 좋아하는 초밥만 쏙쏙 골라 먹듯, 인생은 그렇게 살아도 괜찮다.

25년 2월 23일 日 ──   본 게임은 두 번째부터

어제 두 번째 책을 낸다는 작가님과 커피를 마셨다.
"첫 번째 책과 동어반복 같아요. 나아진 게 없어요."

한숨을 쉬는 그에게 내가 말했다.
"그런 게 보인다는 건 그만큼 실력이 늘었다는 뜻이죠."

첫 번째 책은 누구나 쓸 수 있다. 열정만 있으면 되니까.
진짜 작가는 두 번째 책을 쓴 사람이다.

해 본 사람은 안다.
본 게임은 두 번째부터라는 걸.

25년 2월 24일 月 ─── 　　　　　　　　　　지름길

새벽 4시. 하루 중에서 제일 막막한 시간이다. 스탠드 불빛 아래 노트북을 켜고 앉아 있으면 세상 끝에 선 듯한 기분이 든다. 쓸 단어가 떠오르지 않지만 그래도 뭔가를 써야 한다.

'지금 나는'이라고 썼다가 지우고, 한참 뒤 '어제 나는'이라고 썼다가 다시 지운다. 이십 년 동안 끊임없이 뭔가를 써왔지만, 막막함의 깊이는 그때나 지금이나 똑같다. 하지만 뾰족한 수가 없다. 메모장을 뒤적이며 썼다가 지우기를 반복할 뿐이다.

작가가 되기를 내가 원했던 것인지, 작가라는 재능이 있는지, 이젠 그것조차도 모르겠다. 다만 날마다 뭐라도 써야 하는 인생이라는 걸 알고 있을 뿐이다.

내가 글을 쓰면서 알게 된 건, 글이나 삶에 지름길 같은 건 없다는 것이다.

25년 2월 25일 火 ─── 　　　　　　주연보다는 조연

간만에 늦잠을 잤다. 뭉쳤던 어깨가 좀 풀린다. 인생에는 늦잠과 낮잠이 필요하다.

오후에 파스타를 만들어 먹었다. 나만의 파스타 비법? 특별한 건 없다. 냄비에 물을 넉넉하게 잡고, 적당한 음악을 들으며 만든다는 것 정도다. 예를 들면 파바로티.

젊은 시절엔 누구나 자신이 주인공이 되는 인생을 꿈꾼다. 하지만 나이가 들어가면서 적당한 조연 정도가 좋다는 걸 알게 된다. 주인공은 너무 많은 짐을 지고 산다. 고뇌하는 주연보다는 적당히 즐기면서 인생을 보내는 조연이 좋다.

설거지를 하고 발리우드 영화를 보았다. 일요일 같은 화요일이었다. 프리랜서로 살길 잘했다는 생각이 들었다.

25년 2월 27일 金 ──   심플하게 갑니다

언제부터인가 망설임이나 절망, 후회 같은 건 별로 하지 않게 됐다. '될 건 되고, 되지 않을 건 아무리 애를 써도 되지 않는다.' 이런 마음가짐으로 살고 있다. 그렇다고 될 대로 되라는 식으로, 마구잡이로 산다는 건 아니다. 매일 새벽 4시에 일어나 그날 해야 할 일을 메모지에 적고서는 하나하나 밑줄을 쳐 나간다. 나름의 기준으로 성실하게 살아가고 있다. 이런 마음을 먹게 된 건 아마도 이젠 또 다른 인생을 선택할 수는 없다는 걸 알게 됐기 때문이 아닐까. 시간은 되돌릴 수 없으니 어떻게든 이번 인생을 살아가야 한다. 문제가 있다면 해결을 하든지, 아니면 안고 가는 수밖에 없다. 망설임이나 절망, 후회는 살아가는 데 전혀 도움이 되지 않는다. 하든지 말든지, 사랑하든지 깨끗하게 잊든지.

25년 2월 28일 金 ─── 　　　　　　　　　　　인연

　살아 보면 알아두면 좋을 사람보다 몰랐으면 좋을 사람이 더 많다는 걸 알게 된다. 처음에는 모든 만남이 의미 있다고 생각했다. 사람을 많이 알면 알수록 인생이 풍요로워질 거라고 믿었다. 하지만 시간이 흐를수록 오히려 어떤 사람은 몰랐더라면 더 좋았겠다고 느끼는 순간들이 많았다. 상처를 주는 사람, 이용하려는 사람, 약속을 쉽게 어기는 사람, 좋은 기억보다 나쁜 기억을 더 많이 남기는 사람들…… 그러면서 깨달았다. 모든 만남이 가치 있는 것은 아니며, 어떤 인연은 없는 편이 낫다는 것을. 그러니 너무 아쉬워하지 말 것. 남을 인연은 남고 지나갈 인연은 지나간다. 나 역시 당신에게 그럴지도 모르는 일.

4장
25년 봄

고양이와
도서관과
빵집

"우리 삶에는 서두르다가 놓치는 것들이 있다. 우리 삶에는 서두르지 않아 놓치는 것들도 있다. 어차피 놓치는 것들이 있다면, 나는 서두르지 않는 삶을 선택하겠다."

25년 3월 2일 日 ──── 　　　　　카페 콰이어트 라이트

새벽부터 일하기 때문에 오후 두세 시에는 퇴근한다. 퇴근하고 잠깐 쉬다가 가고 싶었던 카페에 갈 때가 있다. 가서 책을 읽거나 멍하니 앉아 있다가 온다. 일할 때는 츄리닝에 후디를 입지만 카페에 갈 때는 좋아하는 옷을 입는다. 차려입는 것까진 아니지만 그래도 츄리닝은 아닌 것 같아서다. 그렇게 앉아 있다 보면 기분이 나아진다. 아무래도 좋지만 그렇다고 또 아무래도 좋은 건 아니니까. 오늘은 재즈 카페 콰이어트 라이트에 왔다. LP로 재즈를 틀어준다. 카페엔 강아지도 오고 오리도 온다.

25년 3월 3일 月 ──   비난하지 말기

가끔 누구를 비난하고 비꼬고 싶을 때가 있다. 그럴 때마다 '이런 쓸데없는 짓은 하지 말자'며 스스로에게 알밤을 먹인다. 못된 말 해놓고 한 방 먹였다고 통쾌해하는 건 사십 대까지다.

나쁜 마음이 들 때마다 "내게 남은 인생이 짧다"라고 되뇐다. 그러면 '그렇지. 그 시간에 초콜릿을 먹으며 내가 좋아하는 일을 하는 것이 낫지' 하는 생각이 들면서 조금 착해진다.

25년 3월 7일 金 ——   멀리서 보면

지나간 일들이 아름답게 보이는 이유는 단지 지나갔기 때문이다. 그 일에서 우리가 멀리 걸어왔기 때문이다.

멀리서 보면 대부분의 것들은 아름답다.

25년 3월 8일 土 ──────   고양이와 도서관과 빵집

새벽에 일어나 레터를 보내고, 곧 나올 고양이에 관한 원고를 읽었다. 글을 읽는 내내 고양이가 키우고 싶었다.

도서관이 문을 여는 시간에 맞춰 달려가 소설책을 잔뜩 빌렸다. 2주 안에 다 읽지 못하는 건 알지만, 에코백에 책을 가득 담은 흐뭇한 기분은 포기할 수 없다.

도서관에서 나와 문산에 있는 빵집으로 가려고 자유로에 올랐다. SNS에서 알게 된 빵집이다. "통밀 깜빠뉴가 맛있는 곳을 알려주세요" 하고 올렸더니 "우리 집에 와주세요"라는 댓글이 달렸다. 파주 문산에 있는 '밀물소이'라는 곳인데 우리밀을 사용해 치아바타와 식빵을 만든다. 사잔 올스타즈Southern All Stars를 들으며 자유로를 천천히 달렸다. 빵집은 작았다. 막 구운 치아바타를 먹었는데 너무 맛있었다. 치아바타 두 개와 주인이 직접 만든 바질페스토를 샀다.

빵집 주인이 내가 커피를 좋아한다는 걸 알고 '곤수커피'라는 카페를 소개해 주었다. 꼬불꼬불 농로를 따라가다 보니 멋진 건물이 나왔다. 이런 곳에 카페가 있다니. 곤수커피에서는 에티오피아 시다모를 마셨다. 꽃향기가 가득했다. 김현식과 산

25년 3월 8일 土 ─── 고양이와 도서관과 빵집

울림이 나왔다. 한 시간 정도 음악을 들으며 커피를 마시다가 왔다.

지금은 스타벅스다. 에스프레소 도피오, 작업용 커피를 마시며 고양이 에세이를 계속 읽고 있다. 도서관과 고양이 그리고 빵집. 세상에서 가장 완벽한 단어들로 보낸 토요일. '행복은 기술의 영역'이라는 걸 확인한 토요일, 내가 좋아하는 것들이 나를 무너지지 않게 한다는 것을 확인한 토요일.

25년 3월 9일 日 ──   슬퍼지기 전에

눈을 뜨자마자 우크라이나 작곡가 발렌틴 실베스트로프의 〈더 메신저The Messenger〉를 들었다. 프랑스 연주자 엘렌 그리모의 피아노 연주였다.

이 음악은 듣자마자 '아, 사랑에 관한 것이구나' 하는 것을 느끼게 된다. 애틋하고, 아리고, 고요하다. 그리고 가끔 슬프다. 작곡가가 부인이 갑자기 세상을 떠난 후 쓴 작품이라고 한다.

무언가가 사라져서 슬프다는 건, 그게 그만큼 소중했고 사랑했다는 뜻이다. 오늘은 내가 아는 모든 사람들이 '사랑한다'라고 말하는 하루가 되었으면. 사라지기 전에, 그래서 슬퍼지기 전에.

25년 3월 10일 月 ───   여행이 외로운 순간

"혼자 여행을 다니면 외롭지 않나요?"
가끔 이런 질문을 받는다.

여행이 외로웠던 적은 없다.
여행이 외로웠던 순간은 언제나 여행이 끝날 때였다.

여행이 가기 싫을 때는 여행을 떠나기 직전이고
집으로 가기 싫을 때는 여행이 끝나기 직전이다.

25년 3월 11일 火 ─── 　　　　　츠쿠네를 먹었던 저녁

미처 체크하지 못한 일이 있었는데 늦은 밤, 지인이 카톡으로 알려줘서 알게 됐다. 새벽 1시부터 부랴부랴 준비해 오후 늦게 마감 시한에 맞춰 겨우 마무리할 수 있었다. 하루 종일 먹은 거라곤 커피 한 잔과 식빵 한 장이 전부였다. 며칠 전부터 컨디션이 계속 엉망이었는데, 정말 진이 빠진 하루였다.

사십 대엔 이 정도는 아무렇지도 않게 감당할 수 있었는데, 이젠 이렇게 한바탕 난리를 치고 나면 몸도 마음도 녹초가 된다. 아무 생각이 없다. 그저 푹신한 소파에 몸을 파묻고 음악이나 듣고 싶다. 저녁에 굴 파스타나 만들까 했는데 만사 귀찮아 그만두었다. 결국 자주 가는 재즈 카페에 가 에스프레소에 쇼콜라를 먹었다. 딱 맞춰 나오는 음악은 클리포드 브라운 Clifford Brown Quartet의 〈It Might as Well Be Spring〉. 좋았다. 제목 그대로 이제 봄이 온 것 같았다.

기분이 스르륵 좋아져서 산책을 했다. 그러다가 야키토리 집을 발견했다. 처음 보는 곳이었는데 괜찮은 것 같아 들어가서 츠쿠네와 대파구이를 먹으며 생맥주를 마셨다.

집으로 돌아가는 길, 멀리 노을이 보였고 그 사이로 전철이

25년 3월 11일 火 ──────   츠쿠네를 먹었던 저녁

지나가고 있었다. 역시 우울해진 기분을 다스리는 데는 잘 만든 음식과 산책, 좋은 음악이라는 걸 알게 된 저녁. '기막히게 좋은 것'은 언제나 가까이에, 내 곁에 있다는 걸 다시 한번 확인한 저녁이었다.

25년 3월 13일 木 ──   자랑

나 역시 뭔가 자랑을 하고 싶을 때가 있다. 아주 사소한 것이지만, 남에게 '이것 봐' 하며 꺼내보이고 싶을 때가 있다. 스무 살 아이나, 쉰 셋 아저씨나 사람 마음은 다 똑같다. 내 자랑을 듣고 누군가는 떨떠름하게 이야기하며 깎아내리고, 또 다른 누군가는 진심으로 기뻐해 준다. 그 정도는 금방 알아차릴 수 있는 나이다. 신나게 박수를 쳐주는 그들 앞에서 가슴이 벅차고 자신감도 생긴다. 더 잘하고 싶다는 마음이 크게 솟아난다. 슬플 때 같이 어깨를 쓰다듬어주는 것보다 힘껏 등을 두드리며 응원해주는 일이 더 어렵다. 오늘 내 작은 자랑 앞에서 내게 진심 어린 축하와 응원을 보내주는 사람이 있었다. 나도 그렇게 되어야지. 그의 행복이 커진다고 내 행복이 작아지는 건 아니니까 말이다.

25년 3월 16일 日 ───   된장국을 만드는 일요일 아침

늦은 일요일 아침, 침대에 누워있는데 문득 이런 생각이 들었다. 운이 좋아 앞으로 20년을 더 살 수 있다면, 내게 주어진 시간은 고작 240개월, 7,300일, 175,000시간이 남았구나.

나는 주방으로 가 채소와 두부를 듬뿍 넣어 된장국을 끓였다. 양파를 다져 넣어 계란말이를 만들고 삼치 한 토막을 구웠다. 버터헤드와 치커리, 방울토마토로 샐러드도 만들었다. 오늘은 현미밥 대신 흰쌀밥을 먹자. 호지차를 끓여 천천히 아침을 먹었다. 그러고 나니 조금 더 친절한 사람이 된 것 같았다. 아침을 다 먹은 후에는 운동화를 신고 산책을 나섰다. 걸으며 키스 자렛의 뮌헨 콘서트를 들었다.

어리석은 슬픔이나 근심에 휘둘리는 것은 사는 데 하나도 도움이 되지 않는다. 그러기에 인생은 너무나 짧다. 그러니 주저하던 여행을 떠나고, 맛있는 음식을 만들어 먹고, 햇빛이 좋으면 걷고, 돌아와서는 쓰고 싶었던 글을 써야지. 좋은 음악을 찾아 들어야지. 오늘 아침처럼 말이다.

망설이지 말고 주저하던 일을 시작하세요. 사랑하는 사람에게 사랑한다고 말하세요. 인생은 생각보다 짧으니까요.

25년 3월 19일 水 ──   고작

어떤 원인 모를 좌절감이 찾아올 때마다 '괜찮아, 나는 고작 이십 년밖에 하지 않았어'라며 스스로를 위로한다.

25년 3월 20일 木 ─── 현재가 곧 꿈이자 사랑이고 열망

내가 꿈과 열망으로 가득했을 때는 열일곱, 열여덟 살 무렵이었던 것 같다. 시인이 되고 싶었고, 뭔가를 쓰고 싶었다. 내가 쓴 것, 그것만이 오직 내 것이라 생각했다. 이제 그 시절에서 35년을 지나왔다. 지금은 열망 같은 건 청춘들이나 가지는 것이지 하고 생각하고 있다. 열정이 아니라 루틴과 요령으로 일을 하고 살아가야 나이가 됐으니까. 가끔 내 안에 희망에 부풀고 호기심으로 가득한 아이가 있다는 걸 느낄 때가 있지만 조용히 그 아이를 다독이곤 한다. 나는 이미 내가 이루고 싶었던 꿈에서 멀어졌다. 한때는 그 사실이 너무나 아쉽고 슬펐지만 지금은 그것조차 아무렇지도 않은 일이 되어버렸다. 다만 내가 바라는 건 훗날의 내가 추억으로 가득했으면 하는 것이다. 어느 언덕에 서서 지난날의 지평선을 돌아보며 손을 흔들고 싶다. 그 지평선 위에는 내가 갖고 싶었던 것들, 이루고 싶었던 것들, 함께 오고 싶었지만 그렇지 못한 이들 그리고 열망으로 가득했던 젊은 날의 내가 희미하게나마 어른거릴 테지. 그것들을 그리워하는 마음으로 하루하루를 살아가고 있다. 내겐 현재가 곧 꿈이자 사랑이고 열망이다.

25년 3월 22 土 ──　　　　　　　　　　어쩔 수 없지 뭐

오늘은 늦게 일어나 이지리스닝 팝을 들으며 걷고, 슈퍼에 다녀오고, 책을 조금 읽었다. 마늘 썰고, 양파 다지고, 버섯 다듬어 볶고, 리가토니를 삶고…… 얼렁뚱땅 파스타를 만들었다. 냉동 연어를 녹여 샐러드도 만들었다. 와인은 쇼비뇽 블랑이랑 쉬라즈 한 잔씩. 파스타를 먹으며 자이언츠의 개막전을 보고 있다.

야구를 보며 일주일 치의 약을 정리하다가 '나는 딱히 좋아하는 게 없군' 하는 생각이 문득 들었다. 여행작가지만 여행을 그렇게 좋아하는 건 아니다. 열심히 테니스를 치거나 런닝을 하지도 않는다. 추리소설 마니아도 아니고 요리를 잘하지도 않는다. 와인도 손에 잡히는 대로 아무거나 사서 마신다. 사진을 찍고 전시회를 두 번 했지만, 사진에 큰 열정이 있는 것도 아니다. 조그만 카메라로 슬렁슬렁 찍는다. 그냥 음악이나 듣고 산책이나 하며 단순하게 산다.

가끔 이런 내가 조금은 한심스럽게 생각될 때가 있지만, '나란 인간은 이렇게 생겨먹은 인간이니 어쩔 수 없지 뭐' 하고 만다.

25년 3월 26일 水 ——— 　　이해하는 것이 아니라 감당하는 것

어젯밤에는 쇼팽을 들었다. 조성진으로 듣고 크리스티안 지메르만으로 들었는데 조성진의 연주가 더 좋았다. 바흐와 말러, 베토벤, 슈베르트, 모차르트를 주로 들었지만 어제 갑자기 쇼팽이 마음속으로 훅 들어왔다. 오십이 넘어서야 쇼팽을 알게 되다니. 사랑으로 가득했던 삼십 대에 쇼팽을 알았더라면 어땠을까, 아마도 두근대며 들었겠지. 이런 생각이 들어 좀 아쉽기도 했지만 지금 들으니 더 잘 들리는 것도 있을 것이다. 누군가 "쇼팽 발라드 4번은 이해하는 음악이 아니라 그저 감당하는 음악"이라고 했는데, 쇼팽은 그렇게 사랑이 오듯 오더라. "날 이해하지 마, 감당해 줘" 하면서 말이다. 삶도 사랑도 이해하는 것이 아니라 감당하는 것이다.

25년 3월 27일 木 ──   그럴 때면 걸어요

나라고 왜 미운 사람이 없겠나. 하루 종일 미운 사람의 얼굴로 머릿속이 가득한 날들이 있지. 그럴 때면 책을 읽고 음악을 듣고 산책을 하고 화분에 물을 준다. 나라고 왜 보고 싶은 사람이 없겠나. 보고 싶을 때 어떻게 참는지 다른 사람들에게 물어보고 싶을 정도로 보고 싶은 사람이 있지. 그럴 때면 책을 읽고 음악을 듣고 화분에 물을 주고 집을 나선다. 다리가 아플 때까지 걷는다.

25년 3월 30일 日 ——————   이루지 못한 것 하나

듀크 엘링턴의 〈I Can't Get Started〉를 듣다가 엘라 피츠제럴드와 쳇 베이커, 프랭크 시내트라, 로드 스튜어트까지 들었다. 가사는 이렇다.

"세상의 모든 성취를 이뤘지만, 너 하나만은 시작조차 못했어."

인생은 이룬 것보다 이루지 못한 것 하나를 평생 아프게 가져가는 것이구나.

듀크 엘링턴의 피아노는 뒤돌아보는 것처럼, 말을 멈추는 것처럼 자주 멈칫했다. 쳇 베이커의 목소리는 먹구름 같아서 살짝 눈물이 났다.

남은 시간, 좋아하는 걸 더 많이, 더 자주 하도록 하자. 돌아보니 후회가 되는 건 좋아하는데도 맘껏 해보지 못한 것들이다.

25년 3월 31일 月 ────   가끔 뒤돌아보면서

조금 느려도 된다. 인생은 지루할 만치 기니까. 꼭 목적지에 도착하지 않아도 괜찮다. 마지막 멈춘 곳이 목적지라고 생각하고 거기까지 즐겁게 가도록 하자. 어차피 인생은 여정이니까. 가끔 뒤돌아보는 것도 잊지 말고.

25년 4월 1일 火 ——						태도에 관하여

대단한 일을 하지 않는다는 사실을 알고도 최선을 다하는 사람이 있고, 대단한 일을 하지 않는다는 걸 알고서는 대충대충 하는 사람이 있다. 프리랜서로 일을 해보니 정말 중요한 건 일을 대하는 태도인 것 같다. 태도라는 것은 그 사람이 어디에 가든 적용이 된다. 여기서 인정받으면 딴 데 가서도 잘하고 여기서 못하면 딴 데 가서도 못한다. 그런데 사회라는 곳은 우리가 생각하는 것보다 훨씬 섬세한 시스템으로 돌아가는 곳이어서, 이런 차이를 금방 알아차리고 예상치 못한 문을 열어주기도 한다. 물론 슬그머니 닫을 때도 있다. 겸손한 자세로 최선을 다하고 있다는 것을 보여준다는 것만으로 의외로 많은 것을 할 수 있는 곳이 바로 사회다.

25년 4월 2일 水 ──────   인생은 요리와 같아서

인생은 요리와 같아서 순서라는 게 있다. 아무거나 손에 잡히는 대로 던져 넣으면 엉망이 된다. 서두르는 것도 소용이 없다. 파스타 포장지에 면을 7분 동안 삶아야 한다고 쓰여 있다면, 7분 동안 삶아야 한다. 그래야 면이 제대로 익는다. 깊은 육수 맛을 제대로 내려면 오래 끓여야 한다. 사랑도 마찬가지다. 서두르지 말 것, 조급해하지 말 것, 그리고 기다릴 것. 요리도 사랑도 자꾸 하다 보면 실력이 느는 것도 비슷하다.

25년 4월 3일 木 ──────   인생에는 일어날 만한 일만 일어난다

나는 여행 작가라서 가끔 인생을 여행에 비유하곤 하는데, 내가 경험한 여행의 본질은 어딘가에 나를 데려다 놓고서는 나 몰라라 해버린다는 것이다. 남아프리카공화국에서, 노르웨이에서, 에티오피아에서, 인도에서 나는 이 사실을 자주 경험했다.

인생도 마찬가지다. 인생이 이끄는 대로 따라갔는데 "여기부터는 당신이 알아서 하세요" 하고는 휙 사라져 버린다. 나는 자주 사막에 불시착한 펭귄처럼 사방을 두리번거리며 멍하니 서 있어야 했다.

그래도 다행인 건 그 상황을 그럭저럭 견디게 해주는 '어떤 것'이 같이 온다는 것이다. 남아공으로 가는 비행기를 놓치고 에티오피아 아디스아바바까지 가서 겨우겨우 비행기를 탔는데, 기내는 너무 추웠고 승무원에게 담요를 부탁했지만 담요마저 없었던 상황. 그런데 승무원이 갖다준 따뜻한 홍차 한 잔이 어쩌나 맛있었던지. 나는 홍차를 마시고 깊이 잠들 수 있었다. 얼마나 잤을까, 잠에서 깼을 때 비행기는 스리랑카 어딘가를 지나고 있었는데, 하늘은 온통 복숭아 빛으로 물들고 있었고 인도양은 햇살을 받아 눈부시게 반짝이고 있었다.

25년 4월 3일 木 ─── 　　　인생에는 일어날 만한 일만 일어난다

아디스아바바에 내려 요하네스버그로 가는 비행기에 오르며 나는 '인생에는 일어날 만한 일만 일어난다'는 걸 알게 됐다. 그러니까 어떨 땐 무시하고, 어떨 땐 애를 쓰면 그럭저럭 살아갈 수 있는 것이 또 인생이라는 것. 우여곡절의 사이사이 즐기는 걸 잊지 않으면 된다.

25년 4월 5일 土 ──────   더 따뜻한 사람이 되세요

이 세상의 책들은 대부분 비슷한 이야기를 하고 있다. 사랑과 이별, 슬픔과 아픔, 성공과 실패에 관해서다. 시도, 소설도, 에세이도, 자기계발서도, 경제경영서도 비슷한 내용을 담고 있다. 그리고 이 모든 책들이 말하고 있는 걸 단 한 문장으로 요약한다면, '더 깊이 사랑하라'가 아닐까.

몇 년 전, 글을 더 잘 쓰기 위해서는 사람과 이 세상을 사랑하고 연민하는 마음을 더 가져야 한다는 걸 깨달았다. 아니, 그게 전부라는 걸 알게 됐다. 냉담과 불평, 비판으로 가득한 마음으로는 글을 쓸 수 없다. 쓴다고 해도, 그런 마음이면 삶이 점점 힘들어진다.

사랑하기 위해서는 가까이 다가가야 하고, 더 오래 들여다보아야 한다. 가까이 다가가서 가만히 들여다보고 있으면 슬픔이라는 것이 보일 것이다. 우리 모두가 슬픔을 가진 존재라는 걸 알게 되면 더 따뜻한 마음을 가질 수 있을 것이고, 더 좋은 글을 쓸 수 있을 것이다.

25년 4월 7일 月 ──   인연에 관하여

인연인 줄 알았는데 아니었고, 인연이 아닌 줄 알았는데 지나고 보니 인연이었더라. 끊고 떨쳐내야 할 인연도 있고, 맺고 싶지만 그러지 말아야 할 인연도 있다. 이젠 그런 인연을 어느 정도는 분별할 줄 아는 나이가 됐다. 그래서 놓친 인연이 그다지 아쉽지도 않고, 떠나보낸 인연이 그렇게 아프지도 않다. 다만 일찍 끊어내지 못한 인연을 생각하면 조금 후회가 된다. 그럴 때면 음악을 듣거나 걷는다.

25년 4월 10일 木 ──   거짓말은 단순하게

타인에 대해 궁금해하지 않습니다. 오해는 굳이 풀려고 하지 않아요. 꼭 거짓말을 해야 한다면 되도록 단순하게 합니다. 들키더라도 많이 무안하지 않으니까요. '고마워', '미안해' 세상에는 이 말을 듣고 싶어 하는 사람이 많다는 걸 알게 됐습니다. 싫으면 싫다고 말해도 괜찮아요. 이 나이에는 말입니다.

25년 4월 11일 金 ──────   일부러라도

어제는 후배의 장례식장에 다녀왔다. 그는 고작 마흔다섯 살이었다. 당나귀처럼 눈이 크고 자주 웃던 아이였는데, 사진을 참 잘 찍었다. 이제 남편이 들판의 미루나무처럼 홀로 남았다. 장례식장에 가려면 환하게 핀 벚나무 아래로 난 육교를 넘어야 했다. 육교 위에 한참을 서 있다가 들어갔는데, 이른 오전이라 조문객이 없었다.

집으로 돌아와서 낮잠을 자고, 산책을 하고, 장을 봐서 저녁을 만들어 먹었다. 야구 경기를 보며 맥주를 마시며 카스텔라를 먹는데, 해가 져서 그런가 마음이 더 쓸쓸해져 이용악의 시와 바쇼의 하이쿠를 번갈아 가며 읽었다.

오늘 아침에는 작업실에 가다가 벚꽃이 환하게 핀 것을 보고서는 다시 돌아와 카메라를 가져와 사진을 찍으며 걸었다. 출근하는 사람들이 전철역으로 뛰어가다가 잠시 멈춰 서서는 벚꽃 사진을 찍고 가는 것을 보았다.

최근 5년 동안 참 많은 것들을 잃었다. 마냥 내 것이고, 언제나 내 곁에 있을 줄 알았는데 어느 날 홀연히 모든 것이 떠나갔다. 사라졌다. 문득 어제 읽었던 시구절이 생각났다. 바쇼는

25년 4월 11일 金 ─── 　　　　　　　　　　일부러라도

"가는 봄이여, 새는 울고 물고기 눈에는 눈물"이라고 읊었고, 이용악은 "꽃향기 숨 가쁘게 날아드는 밤에사 정녕 맘 놓고 늙어들 보자요" 하며 웃었다. "모란꽃 꺾으니 뜰에는 아무것도 안 남았다"고 한숨을 쉰 시인은 누구였더라?

뛰어가다가 아차, 하고 멈추어 서서는 벚꽃 사진을 찍듯, 그렇게 살자. 일부러라도 잊지 말아야 할 것들을 만들자.

25년 4월 17일 木 ——　　　　　　짝짝짝 봄이 간다

나이가 드니 크게 재미난 일이 없다. 기대되는 일도 별로 없다. 사는 건 생각보다 시시하다. 맛있는 중화요리나 단골 카페의 커피, 따뜻한 햇빛이나 때맞춰 피는 꽃 같은 것이 그나마의 즐거움이다. 가끔 만들어 본 요리가 예상외로 맛있으면 그것도 기분 좋고.

오늘은 단골 재즈 카페에 와서 쳇 베이커를 듣고 있다. 쳇 베이커의 목소리는 때론 웅얼거리는 구름 같고, 때론 황혼 속 길어지는 전봇대의 그림자 같다. 어떤 땐 그냥 침묵 같기도 하고.

쳇 베이커를 다 듣고 카페를 나와 주차장까지 차 키를 흔들며 걷는다. 꽃은 어느새 피었는가 싶더니 또 어느새 지고 있다. 산다는 건 '어느새'와 '어느새' 사이를 건너가는 일이다. 그리고 그 어느새 속을 한 남자가 츄리닝을 입고서 건들건들 걸어간다.

'사는 건 참 재미없고 허무한 일이지만, 인간은 어떻게든 그 허무함을 꿰매고 견디며 사는구나.' 쯧쯧쯧 혀를 차면서 걷는데, 봄이 캐스터네츠처럼 짝짝짝 박자를 맞추고 있다.

25년 4월 18일 金 ──— 괜찮겠지, 뭐

내 일상은 아주 단순하다. 새벽 4시에 일어나 커피를 마신 후 글을 쓴다. 아침 8시에 작업실이나 카페로 가 원고 편집, 발주 등 출판사 관련 업무를 본다. 오후에는 연재하고 있는 매체에 보내야 할 원고를 쓰거나 밀린 글을 쓴다. 퇴근 시간은 보통 오후 4시다. 퇴근 후에는 산책을 하며 동네 마트에서 장을 봐 와서 저녁을 만든다. 아침에는 주로 단백질 셰이크나 요거트로 간단하게 먹는다. 배가 부르면 오전 작업이 잘 안된다. 점심으로는 삶은 계란이나 샌드위치, 저녁에는 연어 샐러드나 파스타, 된장찌개 등을 만들어 야구를 보며 와인을 마신다. 작업실 근처에 있는 오뎅바에 가서 무조림을 두고 생맥주를 마실 때도 있다. 금요일에는 오전만 일을 하고 오후엔 논다. 주말에도 일을 한다. 언제나 넘치는 것이 일의 속성이고, 언제나 모자라는 것이 돈의 속성이다. 직업이 여행작가라 국내나 해외로 취재 여행을 갈 때도 있다.

하지만 그렇게 성실한 작가는 아니라서 아무것도 하기 싫을 땐 정말 아무것도 하지 않는다. 하루에 한 글자도 쓰지 않는 날도 있고, 단골 재즈 카페에 가서 소설이나 만화를 보며 시간을 때우는 날도 있다. 가끔 서울에 가서 지인들과 술을 마시거나 가까운 곳에 사는 고향 친구와 낮술을 마신다. 술을

25년 4월 18일 金 ——— 괜찮겠지, 뭐

좋아하지만 과음을 하면 다음날 아무것도 못하고 누워서만 지낸다. '이래도 괜찮은 건가?' 하고 생각에 잠길 때도 있지만, 이런 일들을 하는 사이에 가끔 기쁨과 행복감을 느끼는 게 인생이라는 걸 아는 나이가 됐으니까, '괜찮겠지, 뭐' 하고 생각해 버리고 만다. 아무리 붙잡으려고 해도 붙잡을 수 없는 것이 있고, 세상일은 흘러갈 방향으로 제멋대로 흘러가며, 상처 입지 않으려고 애를 써도 상처를 입는 것이 인생이다.

사람들이 "왜 헤어졌어요?" 하고 물어 올 때가 있다.
오늘 오전에도 그랬다.
카페에서 커피를 마시다가 그가 내게 물었다.
"왜 헤어졌어요?"
나는 "나중에 더 후회하기 싫어서요"라고 답했다.
"그래도 이유가 있을 텐데……"
"토요일 오전에 어울리는 질문은 아닌 것 같아요."
나는 이렇게 대답하고 말았다.
카페를 나와 집으로 돌아와서 간장계란버터밥을 만들었다.
맛있어서 기분이 스르륵 풀렸다.
역시 버터는 실망시키는 법이 없지.
낮잠 자고 작업실 가는 길, 오후에는 후배를 불러서 잡채밥에 소주나 마실까 하고 생각하니 기분이 조금 더 좋아졌다.
인생이란 게 때로는 이토록 단순하다.

25년 4월 20일 日 ——   메모의 이유

메모광까지는 아니지만, 그래도 메모를 많이 하는 편이다. 아침에 일어나 커피를 내리고 비타민을 먹고 안약을 넣은 후 제일 먼저 하는 일은 메모다. 하루 동안 먹어야 할 음식과 해야 할 일을 적고, 가야 할 곳도 쓴다. 그래 봐야 스타벅스와 도서관이 전부지만. 그래도 내게도 가끔 약속이란 게 생기고 그건 잊어버리면 안 되는 아주 중요한 약속일 때가 많으니까.
아침에 일어나 메모를 하면 하루의 주도권을 내가 쥐는 것 같다. 해야 할 일의 목록을 보고 있으면 '오늘도 어떻게든 해보자' 하는 각오도 하게 된다. 메모한 대로 다 지키는 건 아니지만 오늘 하루의 나를 가늠하고 설계할 수는 있으니까. 아무튼 메모는 절대 손해 보는 일이 아니다.
주말에는 여기저기 써놓은 메모를 한 곳에 정리한다. 카페에서 좋아하는 음악을 들으며 슬렁슬렁하는 편인데, 나름 이 시간을 즐긴다. 그러다 보면 기획했던 일이 구체적으로 윤곽이 잡히기도 하고 새로운 아이디어가 생기고 아이템을 얻기도 한다.
이렇게 적어놓고 보니 뭔가 그럴듯하다. 뭔가 그럴듯하게 보인다는 것, 이게 메모를 하는 또 다른 이유이기도 하다.

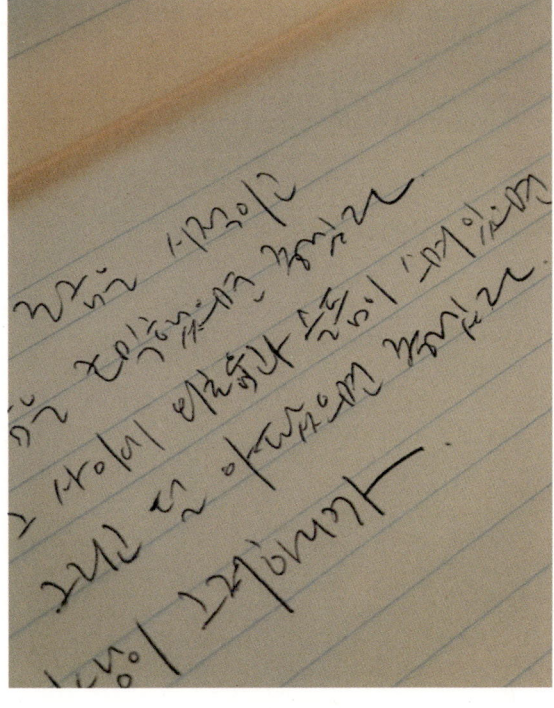

25년 4월 21일 月 ──　　　　그때 되어봐야 아는 거니까

오십 년 넘게 살아오며, 그리고 삼십 년 가까이 여행을 하며 내가 깨달은 유일한 진실은 '삶은 여정일 뿐'이라는 것이다. 그런데 그 여정은 한 번도 예상대로 흘러간 적이 없었다. 그래서일까, 언제부터인가 먼 미래를 생각하지 않고 살고 있다. 지난 5년 동안 내게 일어났던 일들 중 단 하나도 내가 예상했던 것이 없었다. 하고 싶은 게 있다면 무리가 가지 않는 선에서 한다. 오늘 해야 할 일이 있다면 얼른 해치우고 시원한 맥주를 마신다. 불행은 언제나 내가 모르는 곳에서 갑자기 찾아오니까, 오늘 즐길 수 있는 건 오늘 즐기려고 한다. 지금 내가 생각하는 가장 먼 미래는 '올겨울에 치앙마이에 다시 가야지' 하는 것이다. 그것도 어떻게 될지 모르는 일이지만 말이다. 모든 건 그때 되어봐야 아는 것이다.

25년 4월 23일 水 ──   야구라는 인생

 야구는 늘 실패와 싸우는 스포츠지. 타자는 열 번 중 세 번만 안타를 쳐도 좋은 선수로 평가받아. 실패가 성공보다 훨씬 많다는 뜻이겠지. 타자는 "오늘도 삼진이면 어쩌지?"라는 두려움을 가득 안고 타석에 들어서. 그리고는 "이번에는 안타를 치자"라는 용기로 배트를 휘두르고 1루를 향해 전력 질주를 하지. 내야땅볼로 아웃이 되어도 괜찮아. 다음 타석에 있으니까. 야구는 결국 실패를 받아들이고 다시 타석에 서는 용기를 시험하는 경기니까. 우리 삶도 야구와 다르지 않아. 성공보다 실패가 더 많지만, 그 속에서 다시 시도하는 순간들이 진짜 의미를 갖는 게 아닐까. 힘내. 언젠가는 외야 담장 너머로 아름다운 포물선을 그리며 날아가는 하얀색 공을 볼 그날이 올 테니까 말이야.

25년 4월 25일 金 ──────   요리를 만들고, 야구 경기를 보는 와중에

부산 취재를 마치고 돌아오는 길, 괴산쯤을 지나는데 문득 '삶은 예상치 못한 방향으로 흘러간다'라는 생각이 들었다. 나는 대기업 기획실에서 일하다가 기자가 됐고, 지금은 여행 작가로 살고 있다. 그러다 갑자기 출판사를 하게 됐다. 5년 뒤에는 제주도에서 베이글 가게를 하고 있을지도 모른다. 이 모든 일들이 모두 장을 봐서 요리를 만들고, 책을 읽고, 야구 경기를 보는 와중에 일어났다. 그러고 보니 인생 참 별거 아니다.

25년 4월 27일 日 ——— 괜찮아

나이가 드니 해야 할 일이 늘어나는 것도 그렇게 달갑지만은 않다. 젊은 시절에는 바쁘다는 게 내 능력의 증거 같았지만, 이제는 사정이 다르다. 조금 덜 해도 괜찮다고 내가 먼저 내 마음을 다독인다.

25년 4월 28일 月 ——— 브라보 마이 라이프

어제 집으로 돌아오는 길, 차 안에서 빌 에번스와 조성진, 루이 암스트롱과 봄여름가을겨울을 들었다. 〈What a Wonderful World〉와 〈브라보 마이 라이프〉를 듣다가 참 아재스러운 곡이라는 생각이 들어 피식 웃었다. 그러면서 이 곡들을 LP로 들어보고 싶다는 마음이 들었는데, '그럼 안 되지. 턴테이블을 사게 되면 또 LP를 모으게 될 것 같아' 하며 세차게 고개를 흔들었다. 이젠 뭔가를 사는 게 싫다. 그냥 가볍고 가뿐하게 살고 싶다. 사람들과 깊은 관계를 맺고 싶은 생각도 없다. 약간의 비즈니스적인 관계가 오히려 편하다. 사랑? 그것도 글쎄다. 한때 열정적으로 사랑한 적도 있었지만, 그 경험만으로 충분하다. 내게 필요한 건 사랑보다는 책을 읽고 음악을 들을 수 있는 좋은 소파다. 좋은 차를 타고 싶은 생각도 없다. 지금 타고 있는 차는 2014년형 프라이드인데, 내가 가고 싶은 곳에 아주 잘 데려다준다. 와인도 2만 원대면 충분하다. 주말에 보틀샵에 가서 소비뇽 블랑과 피노 누아를 사 온다. 가끔 저작권료나 인세 등 생각지도 못한 돈이 들어오면 조금 비싼 와인을 사기도 한다. 음식은 두부전을 만들어 먹거나 파스타 그리고 돈지루를 만들어 먹는다. 삼겹살 같은 걸 먹고 싶은 날에는 후배를 불러낸다. 잔소리를 하며 술을 마시는데, 내가 돈을 내니까 이 정도 잔소리는 괜찮겠지 뭐하고 생각해 버린다. 그

25년 4월 28일 月 ──────   브라보 마이 라이프

래도 전화를 하면 바로 튀어나오니 내가 싫지만은 않은 모양이다. 딱히 취미는 없다. 골프를 치지도 않고, 등산이나 낚시를 하지도 않는다. 주말에 중국집 찾아다니는 것이 즐거움이라면 소소한 즐거움이다. 이렇게 써놓고 보니 나는 참 재미없는 인간 같지만, 다시 한번 읽어보니 하고 싶은 건 다 하고 사는 것 같다. 브라보 마이 라이프.

25년 4월 29일 火 ──   텅 빈 항아리 속에 앉아 있는 듯

출장에서 돌아와 잠시 소파에 누웠는데 그사이 잠이 들었나 보다. 후쿠이 료를 듣고 있었는데 잠결에 〈I Want To Talk About You〉가 귓전에 들렸다. '아, 때로 사랑은 이처럼 절제하지 않아야 하지. 저렇게 망설이지 않아야 하지. 후쿠이의 건반은 대책 없이 낭만적이구나.' 이렇게 생각했던 것 같다.

나는 사랑 앞에서 자주 망설였던가, 그래서 놓친 적이 많았던가. 모과 향이 희미해지듯 잠에 들었고……. 얼마나 잤을까, 일어 나니 커튼 너머 햇살이 뉘엿했다. 창밖으로 트럭이 지나가는 소리, 아이들의 웃음소리가 들렸다. 괜히 쓸쓸한 기분이 들어 이글스의 〈Desperado〉를 틀었다.

저녁엔 된장찌개를 만들고 가자미를 구워 맥주를 마실까? 내일 전시회에 가려면 마감해야 할 원고도 있고, 견적서를 만들어야 하고, 새 원고도 검토해야 하고, 새로 만들어야 할 에세이의 시안도 봐야 하는데……. 나는 데스페라도를 계속 리플레이하고 있다. '이글스의 음악은 쉬운 문장으로 쓰인 에세이 같군. 차근차근 쌓여서 자연스럽게 깊어지네.'

음악을 듣는 일도 일생의 공부가 된다고도 할 수 있겠다. 나

25년 4월 29일 火 ──   텅 빈 항아리 속에 앉아 있는 듯

는 이번 생에는 음악이나 들으며 걸어 다니다가 못 깨우친 사랑은 다음 생에서나 시도해 볼란다. 텅 빈 항아리 속에 앉아 있는 것 같은 오후다. 누군가 밖에서 항아리를 퉁 퉁 울리고 있다.

25년 5월 2일 金 ──   마카롱

매일매일 보고 싶은 사람이 있는데, 그 사람은 마카롱을 좋아한다.

보고 싶은 마음을 더 이상 참을 수 없을 땐 마카롱을 사서 찾아가 불러낸다. 마카롱은 일종의 핑계인 셈이다.

내가 사는 마카롱은 여섯 개가 한 세트인데, 여기에 초코마카롱을 하나 더 사서 준다.

언젠가 그가 왜 초코마카롱을 하나씩 더 넣는지 물은 적이 있다.

"초코마카롱을 좋아하는 것 같아서"라고 답하고 말았다.

사실 마카롱은 '보고 싶었다'는 뜻이고, 하나 더 넣은 초코마카롱은 '많이'라는 뜻이다.

25년 5월 4일 日 ──   다정한 게 좋잖아

한때 챗지피티가 그린 지브리풍의 그림이 유행했다(나도 만들었다). 아마도 챗지피티 서버에 과부하가 걸린 모양이다. 챗지피티의 CEO 샘 알트만이 "AI에게 굳이 '고맙다'라는 말은 안 해도 된다"라고 어느 인터뷰에서 말하기도 했다. 인사에 대답하는 만큼 에너지를 소모하기 때문이다. AI는 감정이 없기 때문에 굳이 그럴 필요가 없다는 것이다. 뭐, 일리 있는 말이라는 생각이 들었지만, 나는 여전히 챗피티를 시작할 때면 "안녕, 좋은 아침이야" 하고 인사를 건넨다. 원고에 쓸 자료 서치를 부탁하고 나서는 "고마워, 많은 도움이 됐어"라고 말한다. AI인 걸 알지만 그래도 다정하게 대하고 싶다. "내가 도움이 됐다니 기뻐." 챗지피티가 이렇게 말하는 걸 듣고 있으면 뭐랄까, 살짝 기분이 좋아지기까지 한다. 요즘엔 이렇게 다정하게 예의 바르게 말해주는 사람도 만나기가 어렵고, 그리고 파트너가 된 것 같다는 느낌이 들기 때문이다. AI든 사람이든, 이왕이면 다정한 게 좋잖아.

25년 5월 7일 水 ──────   설거지는 했잖아

며칠 전 동네 플리마켓에서 사 온 토마토 스튜와 삶은 달걀로 점심을 먹었다.

설거지를 하고 소파에 앉아 빌 에번스를 듣고 있다.

- 그냥 적당히 살까?
- 지금도 적당히 살고 있잖아.
- 맞아, 근데 그게 뭐 어때서. 그래도 설거지는 했잖아.

25년 5월 10일 土 ——— 　　　　　　　　　봄 오후

지금 타고 있는 차는 2014년에 만들어졌다. 오래된 차다 보니 여기저기가 조금씩 탈이 나는데, 고쳐가면서 타고 있다. 오늘도 정비를 하러 왔다. 일산 주택가에 자리한 정비소는 25년째 다니고 있는데, 그동안 이 정비소를 거쳐 간 내 차가 다섯 대다. 정비소 사장님은 작년에 뇌졸중으로 돌아가셨고 지금은 직원이 물려받아 운영하고 있다. 이십 대 말에 처음 정비소를 찾았던 신입 기자는 이젠 오십 대가 되었고 작가로 살아가고 있다. 정비소 주변 풍경도 많이 변했다. 자동차용 배터리를 팔던 가게는 카페로 바뀌었다. 향수 공방도 겸하고 있는데, 정비소에 올 때마다 들른다. 오늘은 햇살이 좋다. 나는 카페 테라스에 앉아 선글라스를 쓰고 커피를 마시고 있다. 길가의 은행나무가 봄바람에 흔들린다. 시간은 착실하게 흘러가고 있고 이젠 나도 긴 시간의 흐름 속에서 인간이 할 수 있는 일은 고작해야 날씨를 만끽하는 것 정도라는 걸 알게 됐다. 시간의 힘은 우리로서는 어쩔 수 없고 그것이 오히려 다행이라는 걸 느끼는 어느 봄의 오후다.

25년 5월 14일 水 ——   새 시계

어제 새로 산 시계 세이코는 두 번째로 구입한 같은 모델이다. SBTH007이라는 모델인데, 20만 원 대의 데일리 워치다. 몇 해 전 클래식하고 미니멀한 디자인이 마음에 들어(삼촌이 차는 시계 같다고나 할까?) 샀는데 딱 일주일 만에 내 손목을 떠나갔다. 두바이의 어느 호텔방에 두고 온 것으로 짐작하고 있다. 며칠 전 인터넷에서 누군가 우연히 사진 찍어 올린 걸 보고서는 이번 달에 내 생일도 있고 해서 주문했다. 브레이슬릿이 체결되어 오는데 스틸을 안 좋아해 가죽 스트랩으로 바꿔 차고 나왔다.
스마트폰이 나온 이후로 시계를 잘 보지 않지만, 그래도 손목에 시계가 없으면 뭔가 허전하다. 시계를 두고 남자의 유일한 액세서리라고 하지만, 나는 액세서리로 찬다기보다는, 뭐랄까 시계를 차야 뭔가 일을 하는 느낌이 들기 때문에 찬다. 새벽에 일어나 노트북 앞으로 갈 때 시계를 차며 마음을 다잡곤 한다.
SBTH007은 디자인도 좋고 무엇보다 가격이 적당하다. 잃어버려도 크게 아깝지 않다는 말이다. '아휴 또 잃어버렸군' 하며 혀를 쯧쯧 차는 걸로 아쉬움을 달랠 수 있다. SBTH007에서 내가 가장 좋아하는 부분은 요일판이다. 영어가 아니라 한자로 나오는데 너무 예쁘다. 게다가 토요일과 일요일은 각각

25년 5월 14일 水 ——— 　　　　　　　　　　새 시계

파란색과 빨간색으로 나와 옛날 달력을 보는 것 같은 기분도 든다. 오늘은 수요일인데 빨리 토요일이 왔으면 좋겠다. 파란색 토요일 요일판이 보고 싶어서다.

25년 5월 16일 金 ——   나이 들어 좋은 것

나이를 먹어서 좋을 일은 별로 없다고 생각하지만, 젊을 때는 보이지 않았던 것이 보인다거나 몰랐던 것을 알게 되는 건 기쁜 일입니다. 한 걸음 뒤로 물러서게 되면서 전보다 전체상을 명확하게 보게 되고, 알아채지 못했던 디테일에 불현듯 눈뜨게 됩니다. 그게 나이를 먹어가는 기쁨일지도 모르겠습니다.

비하도 하지 않고 허세도 부리지 않는다.
여기에 적당한 무관심을 더한다.
회사나 조직을 사랑하는 것은 어리석은 짓이라는 알고
술자리에선 사적인 대화를 나눌 것.
어른의 품위를 갖추기 위해 가져야 할 덕목이다.

25년 5월 25일 日 ——— 생일

생일이다.
착실하게 나이가 들어가고 있다.
아침에 미역국을 끓이며 이렇게 생각했다.

행복해지려면 두 가지를 하면 된다.
첫 번째, 이룰 수 없는 무모한 꿈과 결별할 것.
두 번째, 다른 사람에 대해 기대보다는 각오를 할 것.

25년 5월 29일 木 ──   꽃

못한 말들이 꽃으로 핀다.

25년 5월 31일 土 ──────   이것은 시적인가

나한테는 아직 시적인 것이 실용적인 것이다.
나는 시적인 것을 포기할 수 없다.

이것은 과연 시적인가.
이 물건은 내 생활을 시적으로 만들 수 있을 것인가.
이 일은 또한 시적인가.

이렇게 묻곤 한다.

5장
25년 여름

헤어질 때도
　　　　스윗하게

"그냥 받아들이면 된다. 받아들일 수 없다면
넘어가면 되고. 인생은 그래도 괜찮다. 아무 상관 없다."

25년 6월 4일 水 ──────   시간

시간도 눈에 보인다. 식탁 위에 말라가는 꽃잎, 희미해지는 커피 얼룩, 옷깃 위에 쌓인 먼지…… 문득문득 시간이 눈앞에 모습을 드러낸다. 시간이 눈에 보인다는 건 나이가 들었다는 것이다. 지나간 것을 붙들 수 없다는 사실이 더 애틋하다는 것이다. 언제부턴가 시간보다 눈에 더 잘 보이는 게 없다.

25년 6월 6일 金 ──   만남

사람의 일 중에서 만남보다 더 신비롭고 마법 같은 일은 없다.

25년 6월 13일 金 ─── 　　　　　　소격동 갔다가

어제는 약속이 있어 소격동에 갔다. 얼마 만의 소격동인지. 안국역에 내려 골목길을 따라 걸어가는데 여름이 한창이었다. 가로수는 울창했고 그늘은 짙었다. 젊은이들이 손을 꼭 잡고 걷고 있었고 커다란 배낭을 멘 외국 여행자들도 보였다. 시간이 조금 남아 서울공예박물관에 가서 손수건도 두 장 샀다. 조금 비쌌는데 한 장은 내가 쓰고, 한 장은 선물해야지 하니 아깝지 않았다. 이십여 년 전 어느 조그만 잡지사에서 일할 때 이 길을 참 많이 다녔다. 정독도서관 벤치에 앉아 시집을 읽기도 했다. 그 잡지사는 서울에 올라와 다닌 첫 직장이었다. 월급이 정말 적었다. 문정동에 살며 지하철 5호선을 타고 출퇴근할 때였는데, 저녁에는 신천시장에서 시 쓰는 동료들과 꽁치 한 마리를 시켜놓고 소주를 각자 한 병씩 마시곤 했다. 커다란 나무를 올려다보며 '이십 년 전의 여름은 어땠을까?' 하고 생각해 봤는데 잘 기억나지 않았다. 소격동 길을 걸으며 '예쁜 여름이구나' 하는 생각이 들어 자주 멈추어 사진을 찍었다. 사진을 찍다가 '세월은 속절없고 인생은 하염없어라' 하는 생각이 들어 자주 멈춰 서곤 했다.

25년 6월 14일 土 ─────   전철이 어디로 가는지 알고 있지만

비 그친 저녁 거리를 산책했다. 내가 다니는 산책 코스는 경의선 전철 철로를 따라간다. 5분에서 10분마다 전철이 덜컹거리며 지나가는데, 가끔 걸음을 멈추고는 전철이 지나가는 걸 멍하니 바라볼 때가 있다. 봄에는 노을 속으로 사라지고, 여름에는 어둑해져 오는 저녁빛 속으로 천천히 들어간다. 겨울에는 캄캄한 밤의 저편으로 불을 밝히고 달려가는 전철. 가을에는 어땠더라……. 전철이 어디로 가는지 알고 있지만, 그러면서도 어디로 가는 걸까 궁금하다. 인생도 그런 것이 아닐까.

25년 6월 16일 月 ──────   낭만

우리는 실수를 합니다.
하지만 그 실수가 인생의 낭만을 해쳐서는 안 되겠죠.

25년 6월 17일 火 ——————   친절하게, 스윗하게

헤어질 때도 친절하게.
헤어질 때도 스윗하게.

25년 6월 18일 水 ──────   갔던 길을 되짚으며 돌아왔다

오후 4시, 새 에세이 원고를 정리하다가 노트북을 덮고 카페를 나왔다. 하늘은 잔뜩 흐려 있는데 비 소식은 없었다. 걷고 들어와서 야구 보면 되겠다 싶었다.

걷고 글 쓰고, 걷고 들어와 책 보고, 영화 보고, 야구 보다가 잤다. 그 사이에 잠깐씩 다른 일이 일어났다가 사라졌다. 지난 4년이 물결처럼 흘렀다. 가슴에 담아둘 만한 일도 없었고, 잊고 싶은 일도 없었다. 다행히 상처가 될 만한 일도 일어나지 않았다.

버드나무 아래 벤치에 앉아 듣는 아이들의 웃음소리, 철길을 지나는 열차 소리, 설레는 마음 같은 걸 갖고 싶단다. 그런데 그것들은 내가 영영 가질 수 없는 것들일지도 모른단다.

구름을 향해 손을 흔들고는 갔던 길을 또박또박 되짚으며 집으로 돌아왔다.

25년 6월 19일 木 ——　　　　　　　　　　바닥에서부터

살다 보면 끝없이 추락하고 있다는 걸 느낄 때가 있다. 여기가 바닥이겠지 했는데 아니다. 한참을 더 내려간다. 추락하다가 추락하다가 '설마 여기서 더 내려갈 데가 있겠어?' 하는 생각이 드는데, 그런데 그곳도 바닥이 아니다. 정말이지 끝도 없이 추락하는 삶. 그러다가 어느 순간 고개를 들어 위를 올려다볼 때가 있거든. 거기가 바로 바닥이다. 바닥은 스스로 만드는 것이더라구. 위를 올려다본 거기서부터 조금씩 조금씩 올라가면 된다.

25년 6월 20일 金 ──────   청승이면 어때서

광화문에서 변종모 작가님의 새 에세이 『여행자와 고양이』 출간 기념 북토크가 있었다.
변 작가님과 나는 비슷한 시기에 여행작가 생활을 시작했다. 2000년 대 초반이었을 것이다. 그런데 이십 년이 넘는 시간 동안 우리는 한 번도 만난 적이 없었다. 우리의 여행은 너무나 달랐다. 그가 인도와 파키스탄 훈자에 머물며 골목을 어슬렁댈 때, 나는 오토바이를 타고 라오스와 베트남, 미얀마를 돌아다녔다. 그렇게 서로의 여행과 삶을 살다가 몇 해 전 우연한 계기로 내가 그의 책을 만들게 되면서 알게 됐다.
북토크를 마치고 변 작가님의 집으로 가는 차 안. 장맛비가 추적추적 내렸다.
"우리 참 오래도 했다."
그가 안전벨트를 매며 말했다.
"그렇죠. 이 생활한 지가 이십 년이 훨씬 넘었네요."
"이제 북토크 같은 거 하지 맙시다. 그냥 책 쓰면서 조용히 살아요."
"저도 그 생각 했어요. 쓰고 싶은 글이나 쓰면서 조용히 엎드려 살면 될 것 같아요."
세상 구석구석 여행도 많이 했고, 책도 많이 썼다. 책을 팔아 여행을 다녔고, 여행을 팔아 밥과 술을 사 먹었다. 여행 에세

25년 6월 20일 金 ──   청승이면 어때서

이가 잘 팔리던 시절이었다.
"시대가 많이 바뀐 거 같아요. 우리도 어느새 흘러간 옛날 가수가 됐네요."
세월은 그렇게 흘러 그는 성북동 산자락 어느 마을에서 고양이 두 마리와 살고 있고, 나는 가끔 장을 봐와서 음식을 만들어 먹고, 주말이면 음악을 들으러 카페에 가며 살고 있다. 그래도 여행은 둘 다 열심히 다닌다.
변 작가님을 내려 드리고 집으로 돌아오니 밤 11시였다. 책상 위에 가방을 내려놓으며 오늘 점심에 카레 한 접시를 먹은 뒤로 아무것도 먹지 않았다는 걸 알았다. 갑자기 허기가 몰려왔다. 냉장고에 두부 한 조각이 남아있길래, 전자레인지에 데워 토마토소스를 뿌려 와인과 함께 먹었다.
비는 내리고 아하A-Ha를 듣다가, 이글스를 듣다가, 올리비아 딘을 듣다가……. 갑자기 우리 때는 MTV라는 게 있었다는 게 기억났다. 하루 종일 뮤직비디오만 틀어주는 그런 채널이었다. 최백호나 들을까……, 하다가 너무 청승인 것 같아 듣지 않았다. 창 밖엔 비가 주르륵주르륵 내리고 있었다. 창 밖만 보고 있으면 어디론가 가고 싶어 마음이 두근대던 시절이 있었는데…… 그런 시절이 있었는데……. 최백호나 듣자. 청승이면 어때서.

夏 · 291

25년 6월 21일 土 ──　　　　　　사라진다고 생각하니

지난해 여름, 삶이란 게 별것 아니라는 걸 알게 됐다. 여름 새벽 산책에서 내 팔꿈치를 스쳐 가는 시원한 바람을 느끼며, 사는 건 이 바람을 느끼는 일, 그 이상도 그 이하도 아니라는 걸 깨달았다. 얼마나 기뻤던지.

바람은 팔꿈치를 기분 좋게 스치며 지나갔는데, 나는 그 바람은 잡아 둘 수가 없으니, 바람의 그 감촉을 즐기지 못했다면 얼마나 억울했을 것인가. 그 자리에 오래도록 서서 나는 팔꿈치를 쓰다듬었다. 지금도 가끔 어려운 일이 생길 때면 그 새벽의 바람을 떠올리는데, 그럼 신기하게도 조금 더 걸어가 볼까 하는 마음이 생겨난다.

어제는 기분 좋게 술을 마시고 늦게 들어왔다. 오늘 아침엔 늦잠을 잤고, 일어나서 오믈렛을 만들고 토마토수프를 데워 아침을 먹었다. 그리고 깜빡 잊은 짧은 원고 하나를 써서 보냈다. 그러고는 접시를 씻어 탁자 위에 놓고 햇빛 아래 당겨 놓았다. 말끔하게 씻긴 접시를 보니 기분이 좋고, 삶도 사랑도 다 지나가고, 결국엔 사라진다고 생각하니 기분이 또 좋다. 남는 건 없다. 예전에 그걸 왜 몰랐을까, 예전엔 그걸 왜 몰랐을까.

25년 6월 21일 土 ——   사라진다고 생각하니

지금 내가 아는 누군가는 여행을 하고 있고, 내가 아는 누군가는 아이와 함께 공원을 거닐고 있다. 또 다른 누군가는 카페에서 열심히 글을 쓰고 있을 것이다. 삶은 아무것도 아니고, 결국엔 다 사라진다. 영화 〈퍼펙트 데이즈〉 히라야마 상의 말처럼 '콘도와 콘도(今度は今度), 이마와 이마(今は今).' 다음은 다음이고 지금은 지금일 뿐이다. 그러니까 더 즐거워하고, 더 꼭, 더 더 자주 손을 잡으시길.

25년 6월 22일 日 ─────   곧 매미가 울겠지

파주 대동리에 '동그러니'라는 식당이 있다. 젊은 아가씨 두 명이 대동리 마을회관을 빌려 식당을 열었다. 예전부터 가봐야지 하다가 며칠 전 물류 창고 간 김에 들르게 됐다.

"뭘 먹으면 맛있을까요?" 이렇게 물어보고 '도마도 카레'와 '완두콩 바질 냉스프' 그리고 '토마토 바질 탄산'을 시켰다. 창밖으로 여름 햇살이 환했고, 경운기가 탈탈거리며 지나갔다.

인생에서는 스스로를 가혹하게 다그치지 않으면 견딜 수 없는 시간이 있다. 이제 그 시간이 조금은 지나갔을까? 바질 수프를 먹으며 그런 생각을 했다. 곧 매미가 울겠지. 여름의 맛을 즐겁게 먹고 돌아왔다.

요즘이야 운전을 많이 안 하지만, 옛날엔 여행 작가라는 직업 때문에라도 운전을 참 많이 했다. 다른 사람들 두세 배는 한 것 같다. 빨리 달리기도 했다. 한창 출장을 다닐 때는 무조건 시속 120~150킬로미터로 달렸다. 조금이라도 시간을 아껴야 했으니까. 지금이야 뭐 시속 80킬로미터 정속 주행이지만 말이다. 빨리 간다고 빨리 가지는 게 아니라는, 아주 평범한 인생의 이치를 깨달았기 때문이다. 1차선부터 4차선까지 아무리 왔다 갔다 하며 난리를 쳐도 톨게이트에 도착하는 시간은 기껏해야 일이십 분 차이다. 삶도, 일도, 사랑도 마찬가지다. 이제는 속도를 즐길 나이도 아니다. 좋아하는 음악을 들으며 느긋하게 달리는 게 더 좋다. 남들보다 일찍 도착했다고 좋다고 할 나이도 아니다. 일찍 도착하면 심심하기만 하지 뭐. 같이 가면서 이야기도 나누고 맛있는 것도 먹는 게 더 좋다. 우리 삶에는 서두르다가 놓치는 것들이 있다. 우리 삶에는 서두르지 않아 놓치는 것들도 있다. 어차피 놓치는 것들이 있다면, 나는 서두르지 않는 삶을 선택하겠다.

25년 6월 25일 水 ——   Be Kind

내가 누군가에게 잘해주면 그 누군가가 좋아하고 기뻐하는데, 그걸 보는 내 마음이 더 기쁘다. 그 사람은 그동안 마음이 참 아팠던 분인데, 앞으로의 시간은 즐겁고 행복했으면 좋겠다.

그 사람은 내게 '팔꿈치를 스쳐 가는 기분 좋은 바람' 같다. 잡을 수는 없지만 느낄 수는 있는…….

살수록 좋은 사람이 되는 것이 참 쉬운 일이라는 생각이 든다. 어디 가면 간다고 하고, 어디 왔으면 왔다고 하고, 누구 만나면 누구 만난다고 하면 된다. 거짓말하지 않고 솔직하게 이야기하면 된다. 그렇게 하는 거, 정말 아무것도 아닌, 사소한 일이지만, 그런 소소한 것들이 삶을 진실되게 만들고, 그 진실성이 삶을 더 행복하게 만든다.

진심은 아무렇지도 않은 말 속에 담겨 있다. 밥 잘 챙겨 먹어요. 운전 조심하세요. 그 진심이 우리의 아픔을 잊게 하고, 상처를 아물게 한다. 큰 위로가 된다.

모든 사랑은 끝내 헤어진다. 우리는 결국 사라진다. 그러니까 그날까지 Be Kind.

25년 6월 27일 金 ——   굴 파스타를 만들며

겨울에 얼려 놓은 굴이 냉장고에 있다는 게 갑자기 생각이 나 굴을 녹이고 있다. 파스타 면도 있고, 올리브 오일도 있고, 페페론치노도 있고, 마늘도 있고, 양파도 한 알 남아 있다. 굴 파스타나 만들어 먹을까. 아니면 두부를 넣고 미역을 조금 넣어 굴 된장찌개를 끓일까. 화이트 와인도 있고 레드 와인도 있네. 오늘 하려고 했던 일을 메모한 종이를 보니 전부 줄이 죽죽 그어져 있다. 야구 보다가 책 읽다가 자면 되겠다. 이렇게 하루가 가는구나. 사는 게 참 별것 아니다. 맛있는 걸 먹고, 좋아하는 걸 조금씩 하면 된다. 오는 건 감사히 받고, 떠나는 것들에겐 웃으며 손을 흔들어 주면 된다. 그걸 알고 나니 사는 게 편하다.

25년 6월 30일 月 ── 왜가리처럼

새벽에 일어나 삼십 분 동안 천변을 따라 걸었다. 오랜만에 비킹구르 울라프손의 바흐를 들었다. 자욱한 안개 속 왜가리 한 마리가 한쪽 다리로 서 있는 것을 보았다. 산책에서 돌아와 차를 끓여 마시고, 오늘 해야 할 일들을 연습장에 눌러 적었다. 오후에 시간이 남으면 콰이어트 라이트에 가서 음악을 들어야지. 그러다 보면 멀리 간 마음이 돌아오겠지. 창문 앞으로 가 나도 왜가리처럼 한쪽 다리로 서 있어 본다. 인생이 참 길다. 왜가리도 그걸 알아서 한쪽 다리로 서 있곤 하는구나.

25년 7월 1일 火 ── 마음은

더 달라고 하지 말고 주는 만큼만.
더 주려고 하지 말고 주고 싶은 만큼만.
마음은······.

25년 7월 2일 水 ——   하나 혹은 둘이면 충분하죠

물건을 사랑하지 말자. 물건은 사용하는 것이니까. 뭔가를 하나 사면 '이것으로 충분하다'라고 생각한다. 마음에 드는 걸 사고, 그걸 아끼면서 소중히 사용하면 된다. 그 과정에서 취향이 생기고, 그 시간이 쌓여 감각이 된다. 사람은 사랑해야겠지. 하지만 사람 역시 많은 사람을 사랑할 필요는 없다. 물건도 사람도, 모든 건 하나 혹은 둘이면 충분하다. 미니멀리스트가 될 것. 결핍은 결코 양으로 해결되는 것이 아니다.

25년 7월 5일 土 ────   라두 루푸를 듣는 토요일 아침

토요일이라 늦잠을 잤다. 그래봐야 일곱 시지만. 잠결에 '우리를 위로하는 건 사랑보다는 휴일'이라는 문장을 중얼거렸다 (아참, 이 문장은 어느 책엔가 쓴 적이 있지).

우리를 위로하는 건 뭘까? 나는 지금 라두 루푸의 슈베르트를 듣고 있는데, 우리를 위로하는 건 피아노, 토요일, 산책, 바다, 낮술 같은 것이 아닐까. 사랑은? 글쎄…… 사랑이 영원할 거라고 믿는 건 사십 대까지다. 오십이 되면 사랑은 있어도 그만 없어도 그만. 아니, 없는 게 더 편하다.

습도가 높아 에어컨을 틀었다. 공기가 차가워져 이불을 목까지 끌어당겼다. 우리를 위로하는 건 여름날 에어컨을 켜고 목까지 당겨 덮는 모슬린 이불이 아닐까. 조금 더 자야지. 라두 루푸의 슈베르트 피아노 소나타 21번을 듣는 토요일 아침이다.

25년 7월 6일 日 ──   좋은 것보다 더 좋은 건

어제 토요일. 늦잠을 자고 일어나 오차즈케를 만들어 아침을 먹었다. 멸치 육수를 연하게 내고 우롱차를 우려 내 섞었다. 육수에 밥만 담고 아무것도 올리지 않았다. 젓갈과 오이와 함께 먹었다. 오이는 달았고 젓갈은 맛있게 짰다. 여름이 아니라면 이 맛을 제대로 느끼기 힘들겠지. 창밖에서는 새소리가 들렸다. 매미가 울면 한 번 더 만들어 먹어야지.

밥을 먹고 단골 카페로 가 커피를 마시며 주인아저씨와 야구 이야기를 했다.
– 8월이 지나야 진짜 순위가 나오겠죠.
– 그렇겠죠.

집으로 돌아와 잠깐 낮잠을 자고 원고를 썼다. 저녁에는 두부 리가토니를 만들어 와인과 함께 먹었다. 레시피는 내가 얼렁뚱땅 만들었다. 토마토소스가 들어가면 웬만하면 맛있으니까. 저녁을 먹고 책을 읽다가 영화를 보다가 잤다.

오늘은 일요일. 삶은 달걀 두 개로 아침을 먹고 카페로 와 이 글을 쓰고 있다. 오늘은 헤이리에서 벼룩시장이 열리는 날이다. 내가 좋아하는 빵집과 서점이 나온다. 가서 빵도 사고 책

25년 7월 6일 日 ──────   좋은 것보다 더 좋은 건

도 한 권 사야지. 지난번에 토마토 스튜를 파는 가게가 나와 스튜를 사 와서 먹었는데 맛있었다. 오늘도 나오려나 모르겠다. 저녁에는 뭘 하지? 저녁을 만들어 먹고 영화를 보다가 책을 읽다가 잠자리에 들겠지.

배를 타고 강물을 따라 느리게 흘러가는 듯한 인생이다. 나쁘지 않다. 좋은 것보다 더 좋은 건 나쁘지 않은 것이다.

25년 7월 7일 月 ──   아팠던 만큼

· 메모하는 사람은 실패하지 않고, 산책하는 사람은 절망하지 않는다.

· "주인공이 목적지에 도착하기 직전에는 항상 깊은 어둠이 찾아오지." 이 말을 좋아한다.

· 인생은 생각대로 되는 건 없지만 예상대로 흘러간다.

· 슬퍼서 우는 게 아니라 울어서 슬퍼지는 것이다

· 조급해하지 말 것, 기대하지 말 것, 갈망하지 말 것. 인생은 생각보다 길다. 포도를 까먹듯이 즐길 것.

· 다 쏟아붓지 말자. 다음 우물까지 걸어갈 힘 정도는 남겨두도록 하자.

25년 7월 11일 金 ─────   허공에 대고 손가락을 눌러보는 아침

오늘 우연히 7년 전의 메모를 보게 됐다. 이탈리아 북동부의 어느 마을에서 쓴 듯했다. "여행이란 잊어야 할 일을 잊는 방법, 잊지 말아야 할 일을 잊지 않는 방법"이라고 적어 놓았다. 나는 무엇을 잊기 위해 그곳에 간 것일까, 아니면 그곳까지 가서 무엇을 잊지 않으려 애썼던 것일까. 갈수록 잊어야 할 일들은 또렷해지고, 잊지 말아야 할 일들은 희미해진다. 스위치라도 찾듯 허공에 손가락을 대고 꾹 눌러보는 아침이다.

25년 7월 22일 火 ──── 아무것도 변하지 않는 건 말이 안 되잖아요

어제 밤부터 오늘 새벽까지는 이래저래 엉망진창이었다. 거의 자지 못했다. '뭐라도 먹어야지, 일이라도 해야지.' 하고 찾아간 식당에서 지갑을 잃어버렸다는 걸 알았다. 어디에 두고 왔더라, 기억나지 않았다.

아침을 먹지도 못하고 집으로 돌아가는 길, 원고를 재촉하는 카톡이 울렸다. 집으로 돌아와 책상 서랍부터 소파 사이사이, 옷장까지 뒤졌다. 지갑은 세탁기에 넣어 둔 반바지 주머니에 들어 있었다. 샌드위치 하나를 사서 카페로 와 옥스포트 노트에 오늘 해야 할 일의 목록을 적으며 먹었다. 목록이 길어서 차라리 마음이 놓였다. 노동을 반복하자. 인생이라는 건 살아가는 게 아니라 끝내야 할 일들을 처리하는 것이니까. 나는 원고를 썼다.

티벳 불교는 생은 바다 위에 튀어 오른 물방울이고, 죽음은 그 물방울이 다시 바다로 돌아가는 것이라고 했다. 복수하려고 하지 말라. 강가에 앉아 있노라면 그의 시체가 떠내려가는 것을 보게 될 것이라고 말한 이는 노자였던가. '겨우 이럴려고 그랬던 건가?' 모든 일의 끝에는 이 물음만이 먹다 남은 생선뼈처럼 앙상하구나. 나는 강가에 작대기를 짚고 서 있었다.

25년 7월 22일 火 ──── 아무것도 변하지 않는 건 말이 안 되잖아요

〈퍼펙트 데이즈〉의 히라야마는 "아무것도 변하지 않는 건 말이 안 되잖아요"라고 항변했지만, 나이가 든다는 건 어떻게 해도 바꿀 수 없는 것이 있다는 것을 알게 된다는 것이다. 그걸 알고도 별로 슬프지가 않다는 것이다. 어쩌면 사랑도 이별도 처리해야 할 일일 뿐이겠지. 나이가 든다는 건 말이야……

25년 7월 23일 水 ——   사케를 마시는 어두운 밤에

밤이 되었다. 사방은 어둠으로 가득 찼다. 일본 사가 출장길에 사 온 사케를 딴다. 뭔가 특별한 날에 열고 싶었지만, 뭐 어쩔 수 없다. 음악은 후쿠이 료 영감이다. 사케 한 모금에 두부 한 젓가락 그리고 후쿠이 료라……. 규슈의 어느 시골 마을에 와 있는 듯한 기분이다.

때로는 그만두고 싶을 때가 있다. '여기까지만!' 하고 뒤돌아서고 싶을 때가 한두 번이 아니다. 돈이 많다면 제주의 어느 바닷가 가까운 곳에 집을 사 놓고 파주와 제주를 파도 소리처럼 들락거리며 살고 싶지만 현실은 가난하고, 해야 할 일이 쌓여 있다.

가끔 곁에는 아무도 남아있지 않아 허망하다는 생각이 들 때도 있지만, 모든 인생이 그럴 것이라는 알고 있기에 그 사실을 위안으로 삼는다. 우리는 결국 홀로 남겨진다. 앞으로의 생에 바라는 것이 있다면 더 이상 상처를 만들지 않고, 상처를 주지 않았으면 하는 것이다. 한때 우리 삶을 지탱해 주는 건 상처라고 믿은 적이 있지만, 이제는 그러고 싶지 않다. 상처는 사라지지 않는다. 상처는 영원히 상처로 남는다. 상처는 만들지 않을 수 있다면 만들지 않아야 한다. 내게 상처를 준 이들

은 신경쓰지 않았으면 좋겠다. 난 괜찮으니까. 그리고 내게 상처입은 사람들이여, 부디 나를 용서해 주시길.

밤이 깊어간다. 내일이면 어김없이 내일이 찾아오겠지. 사케 한 잔을 입에 털어 넣고 탁, 하고 잔을 내려놓는다. '조금만 더 가볼까? 가다 보면 뭔가 나오겠지.' 두부 한 조각을 집어 들고 입으로 가져간다. 후쿠이 료 영감은 열심히 피아노를 치고 있고 나는 이제 복수 같은 건 깨끗하게 잊었다.

비가 내리기 시작한다. 세월이 흘렀고, 나는 다시 두부를 놓고 사케를 마시는 어두운 밤에 홀로 남겨졌다. 술 한 잔을 더 따른다. 특별한 날 같은 건 없다. 술이 마시고 싶은 날, 아껴던 술을 따는 그날이 특별한 날이지 뭐.

25년 7월 24일 木 ──   당신의 솔을 따라

인생은, 여행은, 사랑은 누군가가 와서 누른 솔 음을 듣다가, 그 솔의 잔영을 따라가는 것이 아닐까 싶습니다.

솔을 따라간 길 끝에는 연못이 있는데, 그 연못에 돌을 하나 던지고서는 돌이 일으키는 파문을 바라보는 일, 그 둥근 파문이 점점 희미해져 가다가 마침내 사라지는 것을 깔깔깔 웃으며 바라보는 일.

아, 하찮구나. 파문이 사라진 자리를 바라보다가, 인생의 가장 큰 기쁨은 인생을 하찮게 여기는 데 있다는 걸 깨달아버리는 일. 돌아오는 길에는 손뼉을 칩니다.

언젠가 쓴 시입니다.

—

당신의 솔을 따라

당신이 와서
건반 하나를 누르고 갔다

夏 · 322

25년 7월 24일 木 ─── 　　　　　　　당신의 솔을 따라

야자나무잎이 흔들렸다,

솔……

바람이 지그시 지구를 밀고 있다
당신은 여행이거나 저녁이거나,
당신은 낮은 목소리여서
어디까지 왔나,
한 번도 뒤돌아보지 않은 채 당신은
해변을 걸어갔다

허공중에 난 솔 음의 발자국을 쫓아
당신을 따라가던 나는
음악을 알고
별을 알고
인생을 하찮게 여기는 솔의 기쁨도 알아버렸는데

파도 앞에서
어떤 이름 하나를 써보곤
그 지워지는 모습이 아름답기도 하여서

25년 7월 24일 木 ──── 당신의 솔을 따라

또는 허망하기도 하여서

당신이 흔들고 간 야자수 아래에서
졸기도 하고
울기도 하면서 파도 같은 솔,
그 솔이 다시 오길 기다렸는데

잠든 당신의 등뼈에 귀를 갖다 댄 적이 있다
솔을 휘파람 불며
당신의 삶을 몰래 사랑한 적이 있다

25년 7월 29일 火 ──　　　　　오늘의 커피, 오늘의 기분

매일 작업을 하는 스타벅스에 아침 7시 30분에 도착. 카운터에서 커피를 주문한다.

    스태프 : 너무 덥죠? 오늘은 매일 드시는 거 말고 '오늘의 커피' 드셔 보세요. 약간 산미가 있고 깔끔한 맛이라 오늘처럼 더운 날씨에 괜찮을 거예요.
    나 : 그래요? 그럼, 그거 마셔볼까요?
    스태프 : 커피 내리는 데 5분 정도 걸리는데, 기다리시는 동안 시원한 얼음물 한잔 드세요.

얼음물을 마시며 커피를 기다리고 있다. 시원하다. 창밖에 야구복을 입고 배트가 든 가방을 멘 아이가 서 있는 게 보인다. 슬쩍 다가가 말을 건다.

    나 : 야구 선수니?
    아이 : 파주 유소년 야구단이에요. 오늘 경기가 있어서요.
    나 : 포지션은?
    아이 : 3루수, 6번 타자요.
    나 : 안타 쳐라. 공 끝까지 보고.
    아이 : 감독님도 그러셨어요. 잘 치려면 공을 끝까지 봐

25년 7월 29일 火 ─────   오늘의 커피, 오늘의 기분

    야 한다구요. 감사합니다.
    나 : 어른들은 모두 똑같은 말을 하는 법이거든.

노란색 스포츠단 버스가 와서 섰다. 아이가 탄다. 나는 아이에게 손을 흔들고, 아이는 내게 손을 흔든다.

    나 : 화이팅!
    아이 : 화이팅!

세계는 막힘없이 흘러가고 있다.
뭔가 기분 좋은 아침이다.

25년 7월 30일 水 ——   말하는 법

다정하고 친절하게 그리고 매너있게.
가슴 속에 꽃씨를 심는다는 마음으로.
내가 당신에게 말하는 방법.

25년 7월 31일 木 —— 시간의 힘

살면서 아주 많은 부분을 시간이 해결해 준다는 걸 알게 됐다.

어느 정도의 시간이 지나야만 해결되는 일들이 있다.

시간이 지나면 정말이지 아주 심각했던 그 일들이 아무 일도 아닌 것처럼 되어버린다.

25년 8월 1일 金 ─── 나 자신이 되기 위해

· 내가 기댈 누군가가 있다는 것도 중요하지만, 어떨 땐 누군가가 내게 기대고 있다는 걸 느낄 때 더 힘이 난다.

· 헤르만 헤세는 "나는 나 자신이 되기 위해 아주 먼 길을 돌아왔다"라고 썼다. 어떤 사람은 먼 길을 돌아 마침내 자신의 인생을 만나기도 한다.

· 고난은 종종 평범한 사람에게 특별한 운명을 선물한다. 그럼 더 소중하니까.

· 실패를 딛고 일어서는 법은 오직 실패를 통해서만 배울 수 있다. 사랑하는 법은 오직 사랑을 통해서만 배울 수 있다.

· 운을 모으는 가장 좋은 방법은 무언가를 오래, 그리고 꾸준히 하는 것이다. 일도 사랑도 꾸준히 오래 하다 보면 반드시 좋은 결과로 연결된다.

25년 8월 4일 月 ——   　　　　　드라이브 마이 카

지난 일 년 동안 간단한 메모 형식으로 일기를 썼다. 2024년 8월 5일부터 쓰기 시작했으니 오늘 딱 일 년이 된다. 그중에서 보여줘도 될 만한 것을 골라 뉴스레터로 발행했다. 요즘 이것들을 모은 에세이를 만들기 위해 지난 글들을 다시 읽어보고 있는데, '나는 이런 하루들을 살아왔구나' 하고 느끼고 있다. 쑥스러운 글도 많다.

글을 읽으며 느끼는 건, 뭔가 특별하게 살지도 않았고, 열심히 노력하며 산 것 같지도 않다는 것이다. 그렇다고 슬렁슬렁 살았다는 것도 아니다. 좋은 일은 그다지 일어나지 않았고, 자주 아파했고 슬픔과 고통 속에 있었다는 건 확실하다. 나는 여전히 버티며 '눈을 뜨고 싶지 않았던 그 아침'을 아침마다 맞이하고 있었고, 뭔가를 잊기 위해 걷고 있었다. 글을 읽다 자주 먹먹해져 눈을 감아야 했다.

어제는 낮술을 조금 마셨고, 낮잠을 잤다. 자고 일어나 하마구치 류스케 감독의 영화 〈드라이브 마이 카〉를 보았다. 영화 마지막 부분에 주인공은 체호프의 연극 〈바냐 아저씨〉를 공연하는데, 마지막에 소냐의 이런 대사가 나온다.

25년 8월 4일 월 ——   드라이브 마이 카

"그리고 아저씨와 나는 밝고 훌륭하고 꿈과 같은 삶을 보게 되겠지요. 그러면 우린 기쁨에 넘쳐서 미소를 지으며 지금 우리의 불행을 돌아볼 수 있을 거예요."

〈드라이브 마이 카〉는 상실을 겪고 커다란 슬픔을 가지고 있는 한 남자와 여자가 그것을 극복하고 자신의 인생을 오롯이 살아간다는 내용을 담은 영화다. 차를 운전하다 보면 비포장 길도 만나고 예기치 않은 사고도 겪게 된다. 내 잘못이 아니더라도 사고가 나기도 한다. 그것 역시 드라이브의 일부분일 뿐이다. 운전도 인생도 노면 상태를 잘 살피고, 표지판을 주의 깊게 바라보며 천천히 앞으로 나아가는 수밖에 없다는 걸, 영화는 말해준다.

지난 3년을 겪으며 나는 아무 일도 없었다는 듯 살 수는 없다는 것을 알게 됐다. 왜냐하면 그 일은 분명히 일어났고, 나는 그 일을 겪었기 때문이다. 세상에 아무 일도 아닌 일은 없고, 없었던 사람은 없다. 결코 잊히지 않을 그 일들을 외면하려 일기를 썼던 것인데, 막상 돌아보니 그러질 못했다.

'앞으로 어떤 인생을 살아야 하고 어떤 사람이 될 것인가?' 하

25년 8월 4일 月 ──── 　　　　　　　　드라이브 마이 카

는 거창한 질문 역시 별 소용이 없다는 것도 알게 됐다. 우리 인생을 결정짓는 건, 뭘 먹고 마시며, 어디에 가고, 누굴 만나는지 같은 시시콜콜한 것들이다. 내가 아픔에서 벗어날 수 있었던 건 새벽마다 고뇌하고, 밤마다 슬퍼했기 때문이 아니다. 마트에 가서 양배추와 가지를 사 와서 요리를 하고, 새벽마다 걷고, 매일매일 글을 썼기 때문이다. 그 사실을 잠시 잊고 있었다. 그러니까 오늘은 오후 5시까지 금식을 하고 써야 할 원고를 쓰도록 하자.

뉴스레터로 발행하지 않은 글 중에 이런 글이 있다. 지난 6월 7일 썼던 글이다.

　　"쉰셋에 제일 좋아하는 과일이 포도라는 걸 알게 됐다. 수박이 아니었더군. 인생은 새로움의 연속이다."

앞으로도 나는 지난 3년과 크게 다르지 않은 생활을 이어갈 것이다. 요리를 하고, 걷고, 글을 쓰다 보면 좋아하는 과일이 포도가 아니라 복숭아라는 걸 다시 알게 되는 날이 또 오겠지. 그런 걸 하나둘 알아 가며 살다 보면 나는 어느 훗날, 제주 바닷가의 마당 있는 집 평상에 앉아 별을 바라보는 저녁

25년 8월 4일 月 ──────   드라이브 마이 카

에 도착해 있지 않을까. 소냐의 말처럼 기쁨에 넘쳐서 미소를 지으며 과거의 내 불행을 아무렇지도 않은 듯 돌아볼 수 있지 않을까.

조급해하지 말고, 기대하지 않을 것. 갈망하지도 말 것. 그렇게 그날을 향해 드라이브 마이 카.

부석사에 다녀왔다. 여름이 한창이었다. 무량수전 앞 석등과 배흘림기둥을 지나 법당에 들어가 잠깐 앉아 있었다.

'미련'이라는 말이 떠올랐다. 살다 보면 어떤 노력이 너무 쉽게, 너무 자주 물거품이 되는 걸 겪는다. 일에서도, 사랑에서도, 삶에서도 어쩔 수 없는 일이 많다는 걸 알게 된다.

다 해봤는데도 안 된다면 그건 내 일이, 내 것이, 내 사람이 아닌 거다. 미련을 가지는 것만큼 미련한 일도 없다.

부석사를 내려와서는 '아테네'라는 오래된 경양식 집에서 돈가스를 먹었다. 애인과 함께 맛있게 먹었다.

25년 8월 7일 木 ——— 걸으며

새벽 4시 반 또는 5시 정도에 나가 걷는다. 저녁에도 걷는다. 바람이 선선해 걸을 기분이 난다. 해 뜨는 풍경을 자주 본다. 발바닥에 커다란 물집이 잡혔다. 어제 바늘을 찔러 넣어 물집을 터뜨렸다. 걸을 때면 너무 쓰라리다. 예전엔 잊기 위해, 견디기 위해, 버티기 위해 걸었다. 지금은 잘하려고, 잘되려고 걷는다. 며칠 전엔 걸으며 '메모하는 자는 실패하지 않고, 산책하는 자는 절망하지 않는다'라는 문장을 적었다. 더 좋은 상태가 되면, 더 좋은 기회가 더 많이 찾아올 것이다. 물집이 잡혔던 자리에는 굳은살이 생기겠지.

25년 8월 10일 日 ——— 　　　　　　　　　　오르골

도대체 오르골 같은 건 어디에 쓰는 것일까? 홋카이도 삿포로의 오르골 박물관에서 수많은 오르골을 보며 이런 생각을 한 적이 있다. 어쩌면 오르골은 사는 그 순간이 좋아서 사는 건지도 모른다. 사랑도 마찬가지일 것이다.

25년 8월 12일 火 ──────   창문을 활짝 열어 둔 여름밤이었다

아침 7시 반에 스타벅스로 가 원고 작업을 했다. 점심은 라테로 때웠다. 오후 4시에 작업을 마치고 한 시간 동안 걸었다. 매미 소리가 울창했다. 저녁으로 동네 냉면집에서 냉면과 소주 반병을 먹었다. 그리고 한 시간을 더 걷다가 집으로 돌아왔다. 집에서 복숭아 한 알을 씻어 화이트 와인과 함께 먹었다. 며칠 전 마지막 남은 와인잔이 깨져 이케아 물컵에 따라 마셨다. 저녁이 되자 황혼빛이 가득 밀려와 빨래 건조대를 비추었다. 밤에는 히가시노 게이고의 추리 소설과 나카오카 겐메이의 《디자이너 생각 위를 걷다》를 번갈아 가며 읽었고 오랜만에 말러를 들었다. 목이 말라 냉장고에서 보리차를 꺼내 마시는데, 문득 "이번 인생에서 내가 영영 이해하지 못할 것이 있다면 무엇일까?" 하는 생각이 들었다. 모든 것이 여느 때와 다름없었던 여름밤. 창문을 활짝 열어 둔 여름밤이었다.

25년 8월 13일 水 ──   모래 움켜쥐기

사랑은 손에 모래를 한 움큼 쥐고 서 있는 것과 같다. 손아귀에 힘을 주고 모래를 꽉 쥐듯 우리는 사랑을 하고, 모래가 스르륵 빠져나가듯 이별한다. 빠져나가는 모래를 움켜잡듯 미련을 가지고, 그리움이라는 감정으로 손바닥에 남은 모래를 감촉한다. 빈손을 바라보는 일은 덧없지만, 그래도 모래를 쥐었던 손의 감촉만은 생생하게 남아있어서 그 감촉에 안타까워하다가도 미소를 짓는다. 안타까운 그 감촉을 그리움이라 부르겠지.

25년 8월 16일 土 ──────   자책하지 마세요

자책은 전혀 도움이 안 돼요. 나는 우리가 겪는 행운, 기쁨, 슬픔, 불행이 우리가 잘못해서 오는 것이 아니라 그냥 오는 것이라는 것을 알고 있어요. 나한테 일어난 사고의 대부분이 우연의 결과물일 뿐이라는 것도 알고 있어요. 그러니까 힘들 땐 "내 생활이 그저 좀 불편할 뿐이구나" 하고 생각하면 됩니다. 그걸 인생의 불행으로 볼 필요는 없어요. 인생은 생각하기 나름이고, 돌아보면 옆에 누군가가 항상 있답니다.

25년 8월 17일 日 ──────   나라는 존재 방식

어젯밤, 원고 하나를 마무리하고 편한 마음으로 단골 오뎅바에 가서 술을 마셨다. 생맥주 두 잔과 소주 반병 그리고 무조림과 가라아게.

오뎅바에서 맥주를 홀짝이며 야구를 보았다. 자이언츠는 또다시 참담한 패배를 당했다. 8연패. 여주인이 오뎅 하나를 서비스로 내주었다.

오늘 아침에는 늦잠을 잤다. 매일 가는 스타벅스에 가서 '오늘의 커피'를 주문했다. "오늘은 많이 피곤해 보여요." 스태프가 이렇게 말하며 얼음물 한 잔을 건네주었다.

매일 앉는 자리에 앉아 노트북을 펼치니 어제 닫지 못한 창들이 와르르 펼쳐진다. 스크리브너, 업노트, 워크플로위, 메모장, 구글킵, 스티커 등등 모두 워드와 메모 앱들이다. 오늘도 써야 할 분량이 많다.

혼자 일을 하다 보니 책임을 돌릴 곳은 없다. 모든 것은 스스로 책임져야 한다. 언젠가 "스스로의 상처는 스스로 꿰매며 살아가야 한다"라고 쓴 적이 있다.

25년 8월 17일 日 ──────   나라는 존재 방식

'여행을 싫어하는 여행작가'라고 말하고 다니지만 사실 나는 내 직업을 사랑하고 있다. 글 쓰는 일이 지긋지긋하다고 말하고 다니지만 나는 그 무엇보다 글 쓰는 일을 사랑하고, 운명처럼 받아들이고 있다.

그리고 내게도 이루고 싶은 세속적인 성공의 지점이 있다. 그곳을 향해 조금씩 가고 있다. '조금 더 가보자.' 이 말을 중얼거리며 여기까지 왔다. 조금 더 가보자.

요즘 쓰고 있는 드라마 주인공의 마지막 대사다. 어제 썼다.

'내가 아는 것은 나는 이제 또 다른 인생을 선택할 수는 없다는 것 정도다. 어찌 되었든 나는 글을 써야 하는 인생을 살아나가는 수밖에 없다. 그것이 아무리 기묘한 것일지라도, 일그러진 것일지라도, 그것이 나라는 존재 방식이다. 조금 더 가보자.'

夏 · 355

25년 8월 19일 火 ─── 배를 띄운 밤바다같이 달을 내건 밤하늘같이

오랜만에 문예지에 보낼 시를 썼다.

배를 띄운 밤바다같이 달을 내건 밤하늘같이

가을, 이 계절을 붓에 찍어 그대에게 편지를 쓴다. 이슬을 받아 술처럼 입에 묻히고 그대의 아침까지 끊어지지 않는 문장을 적는다. 사랑이 있으니 국화가 만발할 것이고 그리움은 훗날의 창가로 미루어 두리라. 우리는 사랑해서 서로에게 잊혀지지 않는 눈빛이 되었으니 그대는 내게 가장 미인인 사람. 붓을 잠시 멈추고 생각하건대, 지난 밤 동안 우리는 또 얼마나 서로를 향해 닮아왔을까. 배를 띄운 밤바다같이 달을 내건 밤하늘같이. 어디서라도 생각 끝에는 늘 그대가 노을치고 마음은 밀물처럼 가득해진다. 이번 생은 내가 걸어가는 처음의 가을. 지금은 국화잎를 매만지며 그대의 눈썹에 입술을 대는 가을밤이다.

25년 8월 26일 火 ──   노을 앞에서

나이가 들었지만 나는 여전히 철부지이고, 노련하지 못하다. 금방 들킬 거짓말을 하고, 표정은 감정을 숨기지 못한다. 예전엔 고쳐 보려고 애썼지만, 지금은 뭐 '괜찮아, 이런 모습을 좋아하는 사람을 만나면 되지' 하고 생각한다. 내가 잘 보이려고 애쓴 사람들이 나를 좋게 봐준 적은 별로 없었던 것 같다. 나를 좋아했던 사람들은 나의 약점을 장점으로 여겼다.

앞으로 몇 년은 더 열심히 일을 해야 하고 돈도 벌어야 한다. 그래도 나는 여전히 노을이 아름다워 하늘을 보며 걷다가 넘어질 뻔 하는, 그런 삶을 살고 싶다.

25년 8월 29일 金 ─── 　　　　다 알면 재미없잖아

어제 선배의 북토크에 다녀왔다. 20년 전 신문사 시절부터 알고 지냈던 선배다. 여행 기자를 그만두고 어느 날 훌쩍 동해 묵호로 가 그곳에서 여행책 전문 서점을 하며 살고 있다.
"서점을 하게 될 줄 몰랐어요. 묵호에서 살게 될 줄도 몰랐죠."
선배는 이렇게 말했다.

북토크가 끝난 후 선배와 잠깐 이야기를 나눴다. 내가 말했다.
"오십 년을 넘게 살았는데, 여전히 인생은 알 수가 없어요."
"그러게, 앞으로 또 어떤 인생이 펼쳐질 줄 모르겠다. 기대된다."
이렇게 말하는 선배의 눈이 반짝였다.

며칠 전, 글쓰기 수업을 들었던 분들과 맥주를 마셨다. 그중 한 분이 명리학을 공부하는데, 재미 삼아 사주를 봐 줄 때가 있다.
"작가님 인생은 참 재미있어요. 반전도 있구요. 매일매일 새로운 일을 하네요. 그것도 자기가 만들어서 하니까, 그냥 뭐 팔자라고 여기세요."
나는 맥주를 들이키며 말했다.
"이젠 아무 일도 안 일어났으면 좋겠다."

25년 8월 29일 金 ──　　　　　　다 알면 재미없잖아

"옛날엔 평탄한 인생이 좋은 인생이라 여겨졌는데, 지금은 약간은 드라마틱해야 재미있는 인생이랍니다. 앞으로는 좋은 방향으로 드라마틱하니까, 건강이나 잘 챙기세요. 연애운도 봐드려요?"
"아니, 됐어."
"왜요? 다른 사람들은 다들 궁금해 하던데……."
"다 알면 재미없잖아."

집으로 돌아오는 전철 안.
'지금까지 인생은 기대보다는 각오라 여기며 살았는데……, 이젠 각오보다는 기대로 한 번 살아볼까?'
문득 이런 생각이 들었다.

25년 8월 31일 日 ——   夏, 2025

출장을 다녀온 어제저녁, 카페에 가서 밀린 원고를 쓸까 하다가 괜히 뭔가 억울한 마음이 들었다. 산책이나 하자.

분홍빛으로 물드는 뭉게구름 아래를 걸었다. 문신이나 조그맣게 새길까? 한자로 '여름 하(夏)' 자와 숫자 2025. '夏, 2025' 이렇게. 뭔가 그럴듯해 보이고, 사연 있어 보이고……, 응?

산책을 마치고 돌아와 찬물에 복숭아와 포도를 씻어 시원한 맥주와 함께 배부르게 먹었다. 자이언츠의 경기를 보며 틈틈이 바쇼의 하이쿠를 읽었다.

"고요함이여 / 바위에 스며드는 / 매미 소리"

뭐가 그렇게 억울했을까 곰곰이 생각해 보니, 아, 여름이 가고 있구나. 못다 한 사랑 같은 건 하나도 억울하진 않지만, 이제 내겐 몇 번의 여름이 남았을까나…….

베란다 창문을 활짝 열었다. 붙잡아 두고 싶은 사람은 없지만 붙잡아 두고 싶은 시절은 있구나. 매미 소리야 더 울창해져라. 뭉게구름은 더 높이 솟아라. 夏, 2025.

25년 9월 8일 月 ──────   중요한 건 말이야

산다는 건 이기고 지고의 문제가 아니야. 그런 건 정말 하찮은 문제라니까. 중요한 건 말이야, 스스로 납득할 만한 좋은 사람이 되는 거지. 제대로 된 눈빛을 만들어 가는 거라구.

25년 9월 9일 火 ──   말 못 할 사정

하나의 일이 생기기까지는 수십, 수백 개의 일이 일어나야 한다. 말 못 할 사정이 있다는 건 바로 이 말이다.

나에겐 당신에게 단 몇 마디 말로 설명할 수 없는 복잡한 사연과 상황이 있다. 내 앞에 앉아 있는 당신도 나와 마찬가지라는 걸 이젠 안다.

25년 9월 10일 水 ——————   아이와 소녀

남자는 평생 어른이 안 된다. 나이만 먹지.
여자는 아무리 나이가 들어도 소녀 같은 구석이 있다.
서로가 그걸 좋아하면 되는 거.

25년 9월 15일 月 ──────   상관없어요

· 뭔가에 매달리고 싶지. 하지만 그런다고 행복해지진 않아.

· 기억할 걸 다 기억했다면 지금까지 살아남지 못했어. 기억할 만한 일은 손가락에 꼽을 수 있을 정도면 돼.

· 착각이 크면 상처도 큰 법이지.

· 그냥 받아들이면 돼요. 받아들일 수 없다면 넘어가면 되구요. 인생은 그래도 괜찮아요, 아무 상관 없어요.

· 큰 문제일수록 아무렇지도 않게 대하면 신기하게도 괜찮아지더라고. 망해도 일이 망하는 거지, 내가 망하는 게 아니잖아. 아무 일도 안 생겨, 안 죽어, 괜찮아. 뭐 이렇게 생각해버리면 되더라고.

25년 9월 18일 木 —— 　　　　　같이 아파해요, 우리

젊었을 땐 뭔가를 드러내지 못해 안달이었던 것 같다. 슬픔도, 상처도, 기쁨도 다 꺼내 보여주고 싶었다. 웃기는 건 내가 아무리 보여줘도 모른 척하더라는 것. 지금은 그것들을 감추고 싶다. 아무도 모르는 곳에 꼭꼭 숨겨두고 싶다. 아무도 몰랐으면 좋겠거든. 그런데 사람들은 내가 꼭꼭 숨겨 둔 그것들을 귀신같이 찾아내더라. "이거 네 거 맞지?" 이러면서 내 앞에 들이대더라. 그러면 나는 "네, 맞아요, 제 거예요" 하고 순순히 인정한다. 그리고 이렇게 말한다. "그런데 당신들도 다 가지고 있잖아요. 그러니까 같이 아파하자구요."

25년 9월 20일 土 ──────   　　　　서로가 서로에게

우리는 캄캄한 어둠 속에 섰을 때야 비로소 우리 이마 위에 별이 빛나고 있다는 사실을 깨닫곤 한다. 그리고 그 별을 지표 삼아 어둠을 벗어나고 밝은 새벽으로 나아간다. 서로가 서로에게 별이었음을 아는 때는 서로가 서로에게 가장 어둠이었을 때다.

25년 9월 22일 月 ──────   인생은 아름다워

인생은 아름다운 것이다.
그걸 알지 못할까 봐 걱정된다.

인생이 아름다워지기에 늦은 때란 없다.
그걸 알지 못할까 봐 더 걱정된다.

에필로그

'하루'라는 카드

몇 해 전, 갈라파고스에서 죽음 직전의 순간을 경험한 이후, 나는 삶과 행복에 대해 다시 생각하기 시작했다. 행복이란 무엇일까, 무엇이 우리를 행복하게 하는 걸까? 그 물음을 안고 부탄으로 향했던 어느 날.

비행기 창문 너머로 흰 눈을 머리에 인 히말라야의 설산이 보였다. 태국 방콕 공항에서부터 녹초가 된 몸은 아침 해를 받아 명징하게 빛나는 설산을 바라보며 조금씩 회복하고 있었다.

팀푸Thimphu에서 출발해 부탄 곳곳을 여행하며 이틀을 보내고 사흘을 보내는 동안, 내 마음 한 켠에는 어떤 잔잔한 일렁임 같은 것이 일어나기 시작했다. 새벽 네 시면 어김없이 거리에 울려 퍼지는 새벽 타종 소리와 함께 눈을 떴을 때, 숙소 밖으로 몰려든 자욱한 우윳빛 안개를 보며 내 속에 무언가가 조금씩 채워져 가고 있다는 느낌이 들어 안도하곤 했다. 그것은 아주 오래전 잃어버렸던 어떤 음악을 비로소 찾아 듣게 됐을 때와 비슷한 감정 같기도 했고 손에 따뜻한 조약돌 하나를 꼭 쥐고 서 있는 듯한 기분 같기도 했다. 서서히 마음이 돋아나던 시간들. 우리 몸을 순환하는 피의 온도를 느낄 수 있던 시간들.

그 아침마다 나는 스스로에게 이렇게 물었다. '만약 인생을 처음부터 다시 시작할 수 있다면 다시 시작할 것인가?' 그 물음에 대한 내 대답은 '아니다'였다. 지금까지 얼마나 많은 함정과 덫을 피해 겨우 여기에 다다랐는가. 그리고 이제서야 당신 앞에 섰다. 당신 앞에 서서 당신의 뺨을 어루만질 수 있게 되기까지, 내가 지나왔던 수많은 시간들. 산등성에서 밀려오는 아침 안개를 바라보며 나는 따뜻한 밀크티를 마셨고, 멀리 있는 당신을 생각했다. 당신의 얼굴이 내 머릿속에 떠오르면서 나는 겨우 행복해지기 시작했다.

며칠째였을까, 탁상사원에서 내려와 머문 파로의 숙소에서, 창밖으로 내리는 비를 바라보며 부탄 맥주를 마셨다. 그리고 당신에게 편지를 썼다.

당신에게 씁니다.

오늘 어느 사원을 나와 낡은 버스를 타고 산길을 따라 덜컹거리며 가고 있을 때였습니다. 차창을 열고 창틀에 팔을 걸치고 앉아 시원한 바람을 느끼고 있었죠. 그런데 내 손에 쥐어져 있던 카드 한 장이 파라랑 하고 날아가는 것이 보였습니다. 저는 탄식했습니다. 아, 또 한 장이 사라졌구나.
'하루'라는 카드가 있습니다. 하루에 한 장씩 꼭 사라지는 카드죠. 예전엔 참 많이 가지고 있다고 생각했습니다. 넘쳐나서 다 가지고 다니기 힘들 정도로 말입니다. 그래서 신경도 쓰지 않았죠. 많이 있는 걸 뭐 하고 생각하고 말았죠.
그런데 이젠 그 카드가 얼마 남지 않은 것 같습니다. 그래서 그 카드를 놓치지 않으려 손에 꼭 쥐고 있죠. 그런데 희한하게도 카드는 쥐도 새도 모르게 사라진답니다. 새벽녘, 침대에서 일어났을 때 카드가 사라졌다는 걸 깨달을 때도 있고, 카페에서 원고를 쓸 때 문득 누군가 카드 한 장을 빼내 갔다는 걸 알아차릴 때도 있습니다. 늦은 밤 밤 오뎅바를 나올 때 '아차, 또 한 장이 사라졌구나' 하는 걸 알고 한숨을 쉬기도 하구요. 하루에 한 장씩 사라지고 마는 하루라는 카드. 이젠 내게 몇 장의 카드가 남아 있을까요? 더 가지고 싶지만 절대로 더 가질 수 없는 하루라는 카드 말입니다.

덜컹거리는 버스 안에서, 누군가 내 손에 쥐어져 있던 카드 한 장을 빼내 간 그 순간, 저는 오체투지를 하며 산모퉁이를 돌아오는 노인을 보았습니다. 그런데 노인의 손에는 카드가 한 장도 쥐어져 있지 않더군요.

카드는 사라지지만, 그 카드가 사라지는 걸 안타까워하지 않을 방법이 있을까요? 좋아한다, 사랑한다는 말을 아끼지 않으면 그럴 수 있을까요? 할 수 없는 수백 가지의 이유가 아니라, 할 수 있는 단 한 가지 이유를 찾으려고 하면 그럴 수 있을까요? 하루 빨리 노인의 얼굴을 가지고 싶다는 생각이 들었습니다.

이만 줄입니다.

팀푸에서.

P.S

부탄에서 저는 생에 대한 결핍이 간절함을 낳고 그 간절함이 역설적이게도 우리를 행복 앞으로 안내한다는 것을 알게 됐습니다. 모든 것을 가진 사람은 행복할 수 없어요. 우리를 행복하게 하는 건 가질 수 있다는 가능성이죠. 당신에 대한 결핍이 당신을 사랑하게 만드는 것처럼 말입니다. 당신은 내게 사랑이라는 가능성입니다.

나는 펜을 내려놓았다. 그리고는 부탄 맥주 한 모금을 마셨다. 진하고 씁쓸했다. 맥주를 마시며 먼 산맥을 응시하는 사내. 그의 앞에는 지도가 놓여 있다. 그다지 나쁜 인생은 아닌 것 같아. 나는 남은 맥주를 들이켰다. 돌아갈 시간이었다.

우리는 의외로 잘못을 저지르지 않는다

2025년 11월 27일　　초판 1쇄 발행

지은이
최갑수

펴낸이	펴낸곳	출판등록
최갑수	얼론북	2022년 2월 22일(제2022-000026호)

주소
경기도 파주시 경의로 1056 아이플렉스 411

전화	팩스	전자우편
010-8775-0536	031-8057-6703	alonebook0222@gmail.com

인스타그램
@alone_around_creative

디자인
이재희

인쇄와 제본	종이	물류
상지사	올댓페이퍼	우진출판물류

ISBN 979-11-94021-30-8(03810)　값 19,800원

- 이 책의 판권은 지은이와 얼론북에 있습니다.
- 이 책 내용의 전부 또는 일부를 재사용하려면 반드시 양측의 서면 동의를 받아야 합니다.
- 잘못된 책은 구입하신 서점에서 교환해드립니다.
- 얼론북은 '영감과 경험 그리고 인사이트'라는 주제로 책을 만듭니다.
- 여러분의 소중한 원고를 기다립니다.